単体女優　AVに捧げた16年

まえがき

AV女優になるまで男性経験は二人だった。

キスしたり、裸で抱き合ったりするのはうれしかった。

でも、アソコを触られるのは、恥ずかしくてどうしようもなかった。

クンニなんて、愛の証《あかし》でしてくれているんだと思って我慢していたくらいだ。

セックスで気持ちよくなったことはなかった。

オナニーもしていなかったから、イクという感覚も知らなかった。

そんな私が、単体AV女優として十六年間も仕事に恵まれ、三百本以上の作品に主演させていただいた。単体女優としての活動期間も主演本数も日本記録だという。

所属事務所の社長、マネージャー、監督さん、スタッフさん、男優さん、そして何よりファンのみなさんのおかげだ。本当に感謝しかない。

十六年間、ＡＶの撮影で守ってきたＮＧプレイがある。

「生」「中出し」「レズ」「アナル」だ。

レズとアナルセックスは生理的に受けつけなかった。

生、中出しは、女として許せるか許せないかのラインなんだと思う。

ＡＶ女優が何を言ってるんだと思われるかもしれないけど、そもそもセックスは子供を授かるための生殖行為でもあるのだから、神聖なものだと思っている。

愛情表現や快楽のためのセックスを否定するつもりはないが、中出し、つまり膣内射精は、プレイとしてやるものではないという感覚をずっと持っている。新しい命に責任を持つ覚悟がなければ、してはいけないことだと今も思っている。

だから私は、プライベートで付き合った恋人にも中出しさせたことはない。

ところが、数年前からＡＶの世界では、生、中出しがひとつのジャンルになっているのだ。

新人ＡＶ女優が、「中出しデビュー」することも当たり前のようだ。

ご存知のようにＡＶは日本人のセックスに多大な影響を与えている。

もちろん妊娠しないように対処して撮影しているはずだが、どうしてわざわざタイトルに中出しを謳《うた》う必要があるのだろうか……と思う。

ネット社会の現在、性経験の浅い若者たちも簡単にＡＶの情報を得ることができる。

そういう彼ら、彼女たちが、「出して、このまま中に出して！」と女性に中出しを肯定するようなセリフを言わせるAVを見たら、（中出ししていいんだ）どころか（中出ししたほうが女の子は気持ちいいんだ）と思ってしまうはずだ。

私は違和感を抱かずにはいられなかった。

「潮吹き」というAVならではの〝派手な絵作り〟も、若い人たちのセックスに影響を与えているのではないだろうか。男なら潮吹きの一つぐらいさせられなきゃ、みたいな風潮を作っているような気がする。まじめな男の子ほど、女性に潮を吹かせるのが男の役目だと思って、プレッシャーを感じたりしているかもしれない。

潮吹きと女性の快感が同調するという考えはほとんど間違っている。潮を吹かせて男性が達成感を得ることはあっても、それでイク女性は少ないはずだ。

あれは生理現象みたいなもので個体差が大きい。驚くほどビュービュー潮を吹ける女優さんもいるが、私は潮を吹きづらい体質だった。加藤鷹さんのゴールドフィンガーによってデビュー作で潮吹きを初体験したが、驚いて唖然としてしまった。

確かに派手な映像が撮れるので、潮吹きはAVの見せ場として重要な部分もある。

ただ、男優さんでもヘタな人は本当にヘタで、もう痛いだけだから早く終わってと思いながら、私は「出ちゃう、出ちゃう」と演技していることも多かった。

ところが、あるとき〝潮吹きマシン〟というような装置が開発されて、本当に吹かなくても、より派手な絵が撮れるようになった。これにはホッとした。

そういう演出もAVのセックスだ。AV業界に生きる人たちは、出演する女優と男優さんだけではなく、すべてのスタッフさんたちが一生懸命にセックスを描いている。

〝抜ける作品〟を作るために努力している。それだけは間違いのないことだ。

そんなAVの世界で生きた私の半生をこの本に記そうと思っている。

もちろんイヤなこともあった。失ったものもたくさんある。だけど、セックスの気持ちよさも、人に愛されるよろこびも、AVが教えてくれた。

そして引退から一年が経《た》った今、AV女優をやってきてよかったと思っている。

私がまじめにセックスしてきた十六年間のストーリーを読んで、みなさんが改めて自分のセックスを考えるきっかけになってくれれば、これ以上の幸せはない。

二〇二〇年三月　吉沢明歩

単体女優　ＡＶに捧げた16年　目次

ブックデザイン　勝浦悠介
写真　中山雅文
構成　常盤　準

第1章
ＡＶ女優未満

スカウト

サッカーの日韓ワールドカップが開催された二〇〇二年——。

その熱気が宿ったように暑く湿った空気がまとわりつく、七月の夕方だった。

私は用事を済ませて、新宿駅の東口に向かっていた。

まだ東京都の迷惑防止条例（二〇〇五年四月）でスカウト行為が禁止される以前だったので、歌舞伎町から新宿東口にかけては、AVや風俗、水商売のスカウトマンがズラッと並んで、若い女のコには片っぱしから声をかけてくるような状態だった。

「ねえねえ、彼女、カワイイね」

私はスカウトに声をかけられても「急いでますんで」と立ち止まらず、しつこい人からは歩きながら名刺だけ受け取って、こっちの連絡先は教えないようにしていた。

さらに、スカウトの合い間を狙って、「月五十でどお？」などと変なことを持ちかけてくるオジサンもいたので、私たち女子は逃げるように足早で歩くしかなかったのだ。

スカウトマンには、ホストみたいに派手でチャラい男性が多かった。

ところがその日、

「女優の仕事に興味ありませんか」

そう声をかけてきた人は、きちんとスーツを着こなした四十代くらいの〝オジサマ〟という感じの男性だった。

暑さで頭が朦朧《もうろう》としていたのか、すごく誠実そうな人に見えた。

「よかったら、そこの喫茶店で話だけでも」

のども渇いていた。

「……はい」

これも一種の運命というものなのだろうか。

もう名前も忘れてしまったが、あの人が声をかけてこなければ、「ＡＶ女優・吉沢明歩」はいなかったと思う。つまり今の私もまったく違う人生を歩んでいたはずだ。

「興味があるなら芸能事務所を紹介できるけど」

言われてみれば、女優の仕事に興味があった。

芸能界という意味では、幼稚園の頃に森高千里さんに憧れたのを覚えている。

それはあのキラキラしたステージとか、お人形さんみたいなコスチュームとか、単純に女の子が誰でもお姫様に憧れるような、そんな感情だったような気がする。

すごく心に刺さったのは、高校生のときに観た月9ドラマ『やまとなでしこ』だ。ヒロインのCAを演じた松嶋菜々子さんの演技にすごく感銘を受けて、人にこんな感情を抱かせる女優ってすごいな。自分もやってみたいなと思ったのだ。

でも、女優になるためには何をどうすればいいかわからなかったし、自分がなれるのかどうかもわからなかった。自分とは遠い世界の存在のように感じていた。

ところが目の前のオジサマが芸能事務所を紹介してくれるという。

「じゃあ、面接をセッティングして、連絡するから」

何か急に芸能界が近づいてきたように思えた。

そのときの私はナースになるために看護専門学校に通っていた。

もちろん看護師さんというのは素晴らしい職業だと思うけれど、私としては「このままレールに乗って大人になったら後悔しないかな」と進路に悩んでいるときだった。

もうすぐ夏休みという時期も心を不安定にしていたのかもしれない。

チャンスに背を向けるな。可能性を信じろ。予備校のキャッチフレーズのような言葉が私の頭の中をグルグルと巡った。そして、

「よろしく……お願いします」

そう返事をしていた。

もしかすると、女優になりたいという気持ちが、自分が思っているよりもずっと大きく心の中にあったのかもしれない。

オジサマスカウトマンからの連絡はすぐにやってきた。実際にプロダクションをいくつか紹介してもらった。どこもこぢんまりとしたオフィスだったけれど、ちゃんとした会社だった。女性の姿もあったし、あやしいという感じはしなかった。

四ヶ所ぐらいは行ったんじゃないだろうか。だいたい社長のような人と面接して、簡単な履歴書みたいなものを書いて、バストアップの写真を撮られた。

とにかく緊張していた。聞かれたことに答えるだけで精いっぱいだった。

その中に現在も所属させてもらっている事務所があった。制作会社とモデルプロダクションを兼ねていて、双方の責任者の方、制作会社の社長Sさんとプロダクションの社長Tさんに面接してもらった。のちに「吉沢明歩」を売るため一生懸命に頑張っていただいたお二人なので、私にとってとても大切な恩人だ。

そして、面接に回ったプロダクションの中でいちばん印象がよかった。所属させてもらうなら、ここがいいかなとぼんやり思ったのを覚えている。

ただ、写真集が山積みになっていて、それがヌード写真集のように見えたので、（そういう系の事務所？）と、ちょっと気になった。後で知ったのだが、当時、その事務所所属で人気ナンバーワンだった早坂ひとみちゃんの写真集だった。

もっとも今考えてみれば、スカウトマンのオジサマが連れていってくれたのは、みんなAV系の事務所だったのだろう。

そして、このオジサマがとんだ食わせ者だということが発覚する。

その日も面接だということで呼び出されて、二人でタクシーに乗り込んだ。

「まだちょっと時間があるからドライブしよう」

タクシーでドライブってリッチだなと思った。湾岸線を走っているときだった。

「あ、運転手さん、次のインターで降りて◯◯ホテルに行ってください」

私が入ったこともない高級ホテルだった。私は、食事でもごちそうしてくれるのだろうと思って、そんなところのレストランなんて緊張するなーと呑気に考えていた。

「部屋を取ったから行こうか」

ロビーで待っていた私に、やってきたオジサマが言った。

どういうこと？

オジサマがあまりに当たり前に言うので、私はわけがわからないままに部屋までついていった。部屋に入るとオジサマの表情が変わった。

「紹介したところはいい事務所ばっかりだろ。まあ今日は仕事を忘れて」

ベッドに押し倒されたところで、ようやく私は、食事をごちそうしてもらえるんじゃなくて、オジサマが私を食べようとしているんだと気づいた。

キングサイズのベッドの上で襲いかかってくるオジサマに必死で抵抗した。

「やめて！　やめてってば……」

やがて体が勝手に動き、投げ飛ばすようにはねのけていた。

もんどりうったオジサマが、驚いたような顔で私を見つめていた。

「失礼します。お世話になりました」

廊下を走りながら、はじめて中学の部活で柔道をやっててよかったと思った。

そのときはもう、私は看護専門学校はやめると決めていたので、いちばん印象のよかった今の事務所に連絡して、スカウトのオジサマのことを相談した。

すぐに話をしてくれたようで、その後、オジサマからの連絡は一切なかった。

そして私は、今の事務所にお世話になることにしたのである。

話を聞くと、ＳさんもＴさんも私が面接に来た時点で、どういうわけか私はここでやることになると思って、すでにデビューへ向けての準備を進めていたという。

芸能界デビューを目指しての営業活動が始まった。

Sさんも T さんもいろんな業界に顔が広いので、テレビ局のディレクターさんとか、大きい出版社の編集さんとか、音楽畑の偉い人とか、そういう方たちとオーディションみたいな感じでお会いしたり、話を聞いたりすることからスタートした。

そうしてお会いした制作会社のプロデューサーさんの紹介で、実際の仕事につながり、ワイドショーの再現ドラマなどに何度か出演させてもらったこともある。

ただ、そこから手応えを得ることはできなかった。将来の何かにつながる可能性はまったく感じなかった。自分の認識の甘さを思い知るだけだった。すでに活躍されているタレントさんたちと勝負できる武器が私にはなかった。

女優になりたいと言いながら、お芝居の勉強などしたことがなかった。

グラビアもやりますと言いながら、世の中にグラビアモデルと呼ばれる女性があんなにいるとは思ってもいなかった。

歌やダンスはかなり苦手だ……じゃあ、私は何をすればいい？

面接してくださる方たちは、みなさんプロ中のプロなので、そんなことはお見通しだったのだろう。「じゃ、頑張ってね」と励ましてくれるだけだった。

そんな、ほとんど無益な営業活動が二ヶ月ほど続いたときだった。

もっと勉強しなきゃいけない。もっと経験しなきゃいけない。焦れば焦るほどどうしていいかわからなかった。私はどんどん落ち込んでいった。

そのタイミングを見計らったように、

「これからの時代、裸の仕事をステップにするのも、ぜんぜんアリだと思うけどね」

そうTさんが切り出してきた。

後々考えれば、そこまで含めてSさんとTさんの〝準備〟だったのだろう。

私はまんまと〝大人の策〟にハマってしまったようだった。だからといって強引にAVの仕事をさせられるようなことはなくて、いろいろな話をしてくれた。

私の気持ちにもっとも響いたのは、飯島愛さんについての話だった。

Sさんは AV女優時代の飯島さんと仕事したことがあって、さまざまなエピソードやサクセスストーリーを聞かせてくれたのだ。

私も二〇〇〇年発売の大ベストセラーの『プラトニック・セックス』は読んでいた。

そして、そのすさまじい人生に心を震わされていたし、すべてをカミングアウトしてからも、「私、AV女優でしたけど、何か？」というように堂々とテレビで活躍されている飯島さんの姿に、女として尊敬すら抱いていた。

やはり先達としてのAV女優・飯島愛の存在は大きかったと思う。

どうせやるなら、裸の仕事で一発勝負に出てもいいかな——そんな気持ちが芽生えていった。それは、決して後ろ向きなものではなかった。

実は、スカウトのオジサマと事務所の面接を回っているときに、看護専門学校で仲の良かった友達に、「プロダクションに入ろうと思ってる」と話したことがあった。

彼女は親身になって心配してくれた。

「アブナイところじゃないよね。ちゃんと調べたほうがいいよ」

彼女の言うアブナイところというのが、AVの事務所を指しているのは明らかだった。結果的に、それから間もなくAVの事務所に籍を置くことになったのだが、私には、そこがどうしても彼女が言うようなアブナイところには思えなかった。

SさんもTさんも私のことを考えてくれたからこそ、芸能界の内側を見せて、そのまま通用するほど甘くないとわからせてから、AVを提案してくれたのだろう。

事務所のスタッフも普通の人ばかりだし、経理の女性もすごくやさしい。

AVの世界は世間が思っているほど怖くも危険でもないと感じていた。

しかも私は夏休み後、退路を断つために看護専門学校を退学していた。

相談した友達に「やっぱり自分の夢を叶えるために芸能界で頑張る」と言うと、もちろん引き止められた。それでも「大丈夫だから」って飛び込んだ世界で、何もできない自分がいた。仕事にならない、どうしようっていう気持ちが大きくて、みんなに知られたらどうなるんだろうという恐怖があった。

とにかく仕事をしなければ――そう思っている私の中に、AV女優になれば、すべてがスムーズに進んでいくというイメージが固まっていった。

そんな自分を信じて、裸の仕事に身を投じる決心をしたのだ。

「私、仕事がしたいです。脱ぎます」

私がそう言うと、Tさんがうれしそうに笑った。

「よし、じゃあさっそく営業に回るから、宣材写真を撮ろう」

宣材写真とはAVメーカーや出版社に配る宣伝材料のヌード写真だ。写真館とは違う撮影スタジオで写真を撮られることなどはじめてだった。

メイクさんにしっかりメイクしてもらうのも初体験。そのカメラマンさんはカメラの四方にストロボを置いてライティングする人だったので、こっちからはカメラのレンズしか見えなかった。最初はビキニの水着を着て撮影していた。

「そろそろ、脱ぎますか」

光の向こうでカメラマンの声がした。

やっぱりいざとなると（マジで?）と思ったが、ジタバタもできない。

それが本当の初脱ぎだった。恋愛関係じゃないところで男性に裸を見せるとは思ってもいなかった。ただ、すでに水着になっていて外すだけだったことと、ライティングの向こうが見えない状況が幸いして、思いきって裸になることができた。

あとは自分が裸だということを忘れて、レンズに向かって笑っていた。できあがった写真には一糸まとわぬ作り笑いの私が写っていた。もう後戻りできないと思った。スカウトされてから三ヶ月もせずに、私はAV女優になることが決まっていた。

すると驚いたことに、英知出版から写真集を出してもらえるという。もちろんヌードだが、プロのカメラマンの方にきれいに撮ってもらい、私ひとりしか登場しない一冊の写真集だ。すごく魅力的だしテンションが上がった。

そして、AVも「アリスJAPAN」さんと「マックス・エー」さんというレンタルビデオの大手系列メーカー二社専属という形で、十二本リリースの年間契約を結んでいただけることになった。これは当時としてもなかなかすごいことらしかった。

私が面接してもらった出版社の編集さんも、メーカーのプロデューサーさんも三十代ぐらいだったけど、すごく理性的で常識的な人だった。変な言い方だが、女性のヌードを仕事にしているような人には見えなかった。

なんか裸の業界って不思議だな……そう思いながら、私を受け入れてくれたんだと思ってうれしかった。この業界で頑張れば、未来は前途洋々のように思えた。

私はＡＶをやると決めてから、一年半ほど大学ノートに仕事の記録をつけていたのだが、読み返すと、その冒頭の部分にこんな文章が記されていた。

《飯島愛にはなれないけど、例えば五年後や十年後も、吉沢明歩として生きていけるような「自分」というものを確立できるような何かを、この一年で見つけていく――》

未来は簡単に拓けると思っていた。ＡＶなら一年でトップになれると思っていた。人気になれば、すぐ次のステージに行けるだろうなという安易な考え方をしていた。

《この業界のスタートは今日だけど、本当のスタートは№１になってドラマのお仕事もらったときやＣＭとれたときだと思うから、今はそのスタートに向かって頑張る――》

そうしてＡＶ女優になった私は、再び自分の認識の甘さを思い知った。

だいたいＡＶを見たことがなかったし、日本にはグラビアモデル以上にＡＶ女優がたくさんいるということも知らなかった。ＡＶの世界でトップになることが、いかに大変なことかを想像する材料すらなかったのだ……。

少女時代

どちらかといえば引っ込み思案な子供だった。

自慢じゃないが、幼い頃は大人たちから「可愛い」と言われていた。

でも、あまり自分から、私が私がと前に出ることのない性格だった。

幼稚園のお遊戯会なんかでも、自分の中に主役のお姫様をやりたい気持ちはあるんだけど、ちょっと遠慮して違う役を希望してしまうような子供だった。

そういう育て方をされた覚えもないのだが、小学生の頃までは女の子なんだから女の子らしくしなきゃ、という気持ちが強かったような気がする。

なんとなく、大人になったら夫と子供のために尽くす家庭的でいい奥さん、いいお母さんと言われるような女性になりたいと憧れていたのかもしれない。

そんな一歩下がったタイプの女子だったが、運動神経は悪くはなかったと思う。

小学生のときは陸上大会の選手候補にも選ばれていた。いちおう一生懸命に練習はするのだが、やはりそこでも控えめな性格が顔を出して、がむしゃらになれなかった。

最終選考も是が非でもという必死さがないから、どうしても負けてしまう。そんな中途半端に恵まれた運動神経だったのではあるが。

中学に入ると部活動がある。

小さいころからピアノを習っていそうなルックスだった私としては、吹奏楽部なんかに入っていれば、まさにイメージにぴったりだったのだろう。

でも、思春期の入口ともいえる中学生になった私は、幼い頃からの控えめな性格を変えたいと思った。引っ込み思案な自分からの脱却をはかったのだ。

そして選んだのが、なんと柔道部だった。

小学生のときに観ていたアニメ『ＹＡＷＡＲＡ！』の影響もあったと思う。すごく可愛い女の子なのに、めちゃくちゃ強くて、かっこいいなーと思っていた。

その意外性が魅力的だったし、自分もそうなれるんじゃないかと夢見たのだ。

同じような影響を受けた女子もだいぶいたようで、隣で練習していた剣道部よりも柔道部の女子部員のほうがかなり多かった。

いかにも柔道選手といった感じの大柄な女子もいたし、それこそ谷亮子さんのように小柄だけど俊敏でスパンと技を決めるような女子もいた。

そういう仲間がいることは心強かったのだが、私には柔ちゃんのような才能はまったくなくて、練習は本当につらくて苦しかった。

男子部員と同じように腹筋背筋、ランニング。脚を抱えてもらって腕だけで進む手押し車とか、ロープ登りとか、およそ女子らしからぬ筋トレの毎日。柔道自体の練習も冬なんて柔道着は寒いし、受け身をとるだけでも畳は痛いしで地獄のようだった。逆に夏は暑くて汗まみれになって、フラフラの脱水症状で乱取りをやっていた。

それでもやめるつもりはなかった。

女子部員はどんどん減っていったけど、私は三年間やり通した。

引っ込み思案なのに意地っ張りなところがあって、自分でやると決めたことを途中であきらめたり、投げ出すことはイヤだった。やめるという選択肢はなかったのだ。

そういう性格だから、AV女優も十六年続けられたのかもしれない。

得意技は背負い投げだった。

へなちょこな私でも試合で勝ったこともある。

そういえば、寝技の練習をしているときに乳首が切れたことがあった。

柔道着の下にはTシャツかスポーツブラみたいなタンクトップを着けていたのだが、夢中で寝技をかけたり防いだりしていると、けっこう激しく胸が擦れるから、気づかないうちに流血していたのだ。下着に滲んだ赤がすごく印象に残っている。

あのとき私はニップレスの存在も知らない女子中学生だった。

どれもこれも今となってはいい思い出だ。

ＡＶの撮影では、あり得ない体勢でのセックスを求められることも多い。それこそ筋トレのようなキツイ姿勢で男優さんに挿入されて、激しく出し入れされることもある。快感などあるわけないのだが、私はそんなしんどいセックスにもけっこう耐えられる。意外と筋力も体力もあるんじゃないかと思う。

もしかするとそれは、中学の柔道部で培われたものなのかもしれない――。


自分の〝性の目覚め〟というのは何なのだろう？

ひとつだけ、子供の頃に自分がとった行動で記憶に残っていることがある。小学校の低学年だった。なぜそんなことをしたのかわからないが、小さなプラスチックの空容器を下着の上からアソコに宛てがって、そのまま押し当てて少し擦ってみた。

（あれ、何？　あれ、気持ちいぃ）

もちろんオナニーなんて言葉も知らなかった。

ビックリすると同時に、それ以上はしちゃいけない気がしてやめた。

無意識だったからこそ逆に、あれで私の心には自慰行為に対する罪悪感のようなものが芽生えて、AV女優になるまでオナニーをしなかったのかもしれない、というのは、考えすぎだろうか。

そして、やはり小学校の低学年だと思うが、場面として覚えていることがある。何か用事があって母親を探しているときに、両親の寝室を覗《のぞ》いたら、母親が父親の上に乗っかるようになっていた。ちゃんと服を着ていたのでセックスしていたわけではなく、マッサージか何かをしていたのかもしれない。

だけど私は、見た瞬間、本能的に（わ！　見てはいけないものを見てしまった）と感じて、スーッと音を立てないようにして、その場を離れた。

高学年になるとエッチなことに早熟な男子がいて、ニヤニヤしながら「夜、あそこの公園にこいよ。布団とティッシュ用意して待ってるから」みたいなことを言われて、すごく嫌な気分になったのを覚えている。

今になって考えれば、私は奥手だったのだろう。

中学二年のときに男子に告白されて、ＯＫしたことがある。

付き合っている関係になったわけだが、何をすればいいのかわからなかった。

前から男子と付き合っていた女友達に聞いたら、「彼氏のお家に行って、そこで何時間もしゃべったりとか遊んだりとか、イチャイチャして家に帰る」と教えてくれた。

そして、「一緒に彼の家に来てみれば」と誘ってくれた。

じゃあ、勉強させてもらいますと、彼と二人でオジャマしたのだが、友達カップルのイチャイチャっぷりを見せつけられながら、逆に私たちは恥ずかしくて何もできなかった。

何なの、これ？　と、私としては針のむしろというような気分だった。

結局その彼とは、一回手をつないだぐらいで別れた。

そもそもその頃の私は、男女の性行為もきちんと理解していなかった。

正しいセックスの知識を得たのは、高校生になってからの保健の授業だった。けっこうリアルな図などを見せられて、ショックを受けるような女子高生だったのだ。

あとは、女の子向けのちょっとエッチなティーン雑誌に体位の説明が載ってて、女と男ってこういうことするんだ、と驚いたのも覚えている。

私はそんな状態なのに、同級生の女子たちに「彼氏とエッチしちゃった」とか、「ナンパされてヤッちゃった」とかいうコが急激に増えたのも高一だった。

どんどんセックスが生々しく迫ってきた。

また、時代的に援助交際も流行《はや》っていたようだ。身の回りで援交してるコの噂もけっこう聞こえてきた。それは私にとって、とても嫌な情報だった。女子高生というだけで、私もそんなふうに見られているのかと思うと悲しくなった。

私にとってセックスは、決していいイメージのものではなかった——。

初体験

セックスにいいイメージはなかったが、奥手な私の中にも、自然と恋愛への憧れや異性への興味が生まれ徐々に大きくなっていった。

そして、高校二年生の夏休み直後に初体験をした。

相手は同じ高校の一学年上でサッカー部の人だった。私は単純にカッコイイと思って憧れていたのだが、私の知ってる三年生の女子と付き合っていた。

私が高二、彼が高三の夏休み。彼はサッカー部を引退していた。スポーツ推薦で進学する大学も決まっていた。彼に想いを寄せる女子は私以外にもたくさんいた。

だから、風の噂で夏休み前に彼女と別れたらしい、という話が聞こえてきても、私が付き合うことになるとは思ってもいなかった。

そんなとき、友達に誘われて男女何人かで花火大会に行くことになった。その友達が三年生と付き合っていて、私の憧れの先輩も来るというのだ。

私が待ち合わせ場所に行くと、彼しかいなかった。

「あの……こんにちは」

「おお、話すのはじめてだね」

待てど暮らせど誰もやってこなかった。

私たちが間違えたのか、みんなにハメられたのか、とにかく花火大会の開始時間がせまってきたので、二人で見に行こうということになった。

降って湧いたデートに私はドキドキした。なにせ相手は憧れの先輩だ。

大空を染める打ち上げ花火のどこか幻想的な美しさと、胸に響く音で、本当にドラマの中にいるような夢見心地だった。

連弾花火が途切れたとき、彼が私の耳に顔を寄せてきた。

「な、俺たち、付き合おうか」

三回ぐらい耳の奥でリフレインした。何か言わなきゃと思いながら、

「……うん」と言うと、大きな花火が上がった。

それから一ヶ月くらいで、四、五回デートしたと思う。

最初のときにファーストキスをした。まだ夏休み中だったので、昼ぐらいに待ち合わせしてのランチデートだったような気がする。

そのあと、なんとなく散歩みたいに並んで歩いていたら、彼が手を握ってきた。

ちょっと手の平が汗ばむのを感じながらそのまま歩いていると、手を引かれて人影のない路地裏みたいなところに連れていかれて、キスをされた。

彼が遠慮したのかもしれないが、そんなにディープなキスではなかった。

それからデートするたびに、少しずついろんなことをされた。

二回目のキスも外の工事現場みたいなところだった。舌が入ってきてウネウネと動き回り、洋服の上から胸やお尻を触られた。彼は興奮してるみたいで、憧れの先輩とはイメージが違ったけど、付き合ってる男女はみんなすることなんだろうなと思った。

とはいえ私も冷静だったわけではなく、息が荒くなったりしていたのかもしれない。

夏休み中、彼の家に遊びに行ったこともある。

彼の部屋でおしゃべりしているうちに、彼が迫ってきた。

シングルベッドに寝かされて、キスしながら、洋服の下に手を入れられた。下着の上からアソコも触られたが、なにせ私は心の準備ができていなかった。

「あの、今日はもう……また今度ね」

たしか家にはお母さんがいたから、彼もそれ以上はしてこなかった。

だけど彼と初体験するのは時間の問題だと、私もわかっていた。

未体験のものに対する本能的な恐怖とともに、相手が好きな人なので、楽しみにしている部分もあった。その日に備えて上下お揃いの可愛い下着を買ったりして。

そして、夏休みが終わるとすぐ、彼が「今日は家に誰もいないから」と言った。

土曜日か日曜日か、学校が休みの日だったような気がする。私は買った下着を着けて、彼の家に向かった。お互いにそのつもりだから、あまり会話もなかった。

彼の家は昔ながらの日本家屋で、彼の部屋も畳の座敷で入口は襖《ふすま》だった。

もちろん鍵などないので、一緒に部屋に入ると、彼が内側から襖に突っ張り棒をセットした。修学旅行で男子が買う木刀のようなものだったと思う。

家族は帰ってこない予定だが、念のためにということなのだろう。

「こっちにおいでよ」

彼は前の彼女と経験していたので、焦っている様子はなかった。

私も女の子が読むエッチな雑誌で、こういう流れなんだっていうのは予習していたのだが、いざとなると、もう何もできなかった。完全にマグロ状態というやつだった。

受け入れる準備をしてきたつもりだったのに、手も足も動かなかった。

好きな彼氏との初体験なのに、服を脱がされるのも、はじめて男の人に肌を触られるのも、恥ずかしくて恥ずかしくて仕方なかったのだけは覚えている。

初体験の相手としてぜんぜん嫌じゃないのに、いや、逆にうれしいと思っていたはずなのに、私の体が言うことを聞かなかった。ガチガチに固まっていた。

彼は私を裸にして、いろんなところを触ったり見たりして、どんどん興奮してきた。

「もう大丈夫みたいだから、入れるよ」

彼がコンドームを着けた。

「……う、うん」

そう答えながら、私は両脚をギュッと締めていた。

「そんなに力を入れないで」

やさしく言われても私の脚は開かない。

「もうちょっとだけリラックスして」

やがて彼は私の両膝をゆっくりと押し広げていった。それでも抵抗する私の脚の間に、彼が腰を入れて開いたままにした。全裸の肌を重ねてきた。結果的には正常位で入れる体勢になっていて、ようやくスタンバイができたという感じだった。

「痛かったら、すぐにやめるから」

そう言って彼がペニスの先を、私のヴァギナに宛てがってきた。

ああいうのも条件反射というのだろうか、私の体は勝手に挿入から逃げていた。シングルベッドの上で彼が入れようと腰を突き出してくる。私は背中とお尻をクイクイとくねらせて、頭のほうに後ずさりしていく。どんどん上に逃げていく。

ズンズン迫ってきても、私がズリズリ逃げるので、だんだん彼がイライラしてきたのがわかったとき、私の頭がベッドサイドの壁にドンと当たって止まった。

その瞬間、何か、それまでやさしかった彼が、男の顔になったような気がした。

もう逃げようのない私のヴァギナに亀頭をヌメッと押し当てると、両手を私の腋の下から肩に回して、ガッと力任せに引っ張り寄せた。

「ヒッ、痛ッ！」

それから彼はグイグイ腰を振って、私の中にペニスを出し入れさせた。

「痛い、痛い、痛い」

私が髪を振り乱して訴えても、彼は止めることなく突き入れてきた。予想を超える痛みに私は修羅場の中にいるようで、まったくロマンティックなものではなかった。

「うッ」と小さくうめいて、彼が射精したようだった。

それからしばらく彼が腰を振って、ようやく私の初体験が終わった。

ロストバージンの感動とか、「女」になった特別なよろこびなどはなかった。

（どうして、みんな、こんなのがいいの？）

ハァハァしている彼を見ながら、そう思ったのは間違いない。

そう思ったが、そういう関係になったのだから、彼が求めてくれば断ることはできなかった。それが付き合っている彼氏と彼女だというような気持ちも私にはあった。

実際、キスしたり、裸で抱き合ったりするのは好きだったし、幸せを感じた。

ただ、セックスはあまり楽しいとは思えなかった。何度か挿入するうちに痛くはなくなったけど、気持ちいいと思うようにはならなかった。

挿入行為だけじゃなくて、例えば、彼が寝っ転がって「ちょっと舐めて」なんてフェラチオを求めてきたりすると、これって愛情表現になるのかなって余計なことを考えたりもした。

でも、彼は私が求めなくてもクンニしてくるわけで、やっぱりこれは愛情がないとできないよなと思い直して、私もフェラチオしてあげた。

ただ、フェラもクンニも好きじゃなかった。快感には至らなかった。

本当に私は、AVを始めてからセックスに目覚めたんだなと今でも思う。

彼と何度かセックスをしてから、自分でも笑ってしまうようなことをした。

そのときの私は、気持ちよくて声が出ちゃうとか、声を出してよろこびを伝えるなどということはまったくなかった。

ただ、彼が愛撫しながら、

「声出していいんだよ」

そう言うので、出したほうがいいんだろうとは思っていた。

自分が普段聞いてる自分の声と、他の人が聞いてる自分の声は違う。電話の声なんかを聞いて驚いたことがある人も多いんじゃないだろうか。じゃあ、私のエッチな声って相手にどんなふうに聞こえてるんだろう、と興味が生まれた。

それで、出すならどういうのがいいんだろうと、研究することにしたのだ。

当時はオナニーもしていなかったので、家に誰もいないとき、ちょっと胸を触ってみたりしながら、ドラマのラブシーンなんかを想像して、「アン」「気持ちぃ〜」「もっとぉ」なんて言ってみた。あと喘《あえ》ぎ声っぽく息を吐いてみたり。

それを当時持っていたＭＤウォークマンで録音して聞いてみた。案の定、自分の声には聞こえなかった。妙に面白かったので、いろいろな声色でやってみた。

結果、正解はわからなかった。

その後のエッチでも彼に「気持ちいい？」と聞かれれば、「うん、気持ちいいよ」と答えて、それらしく声を出していたような気がする。

本当に気持ちよくなれば、自然と男の人が興奮するエッチな声が出るということも、私はそのずっと後に、AVのセックスで学んだのだ。


初体験後、三ヶ月ぐらい、彼とはずいぶんセックスしたと思う。男子高校生の性欲はすごく旺盛《おうせい》で、相手がいて場所があれば毎日何度でもできるのかもしれない。

わずか三ヶ月だったが濃密な時間だった。

別れの理由は今考えれば大したことじゃない。彼がこう言った。

「俺が大学に行ったら今みたいには会えないし、できれば留学するつもりだから、うまくいかないかもしれないいな」

先のことなんてわからないのに、今、言わなくてもいいじゃない。別れるかもしれないと思ってるなら、すぐに別れたほうがいいじゃない——そう思った。

そして、私たちはサヨナラした。

憧れていた先輩と初体験できたのだから、私は幸せなのだろう。


高校を卒業した私は、看護専門学校に進学した。

そのままナースになっていたらどうなっていたんだろう。最近、ときどき考える。ナースをテーマにしたＡＶは職業物の定番で非常に人気が高い。私も何本かやったことがある。看護師という職業を冒瀆しているようで、やっぱり抵抗があった。ただ、現実にはあり得ないストーリー展開ばかりで、そんな妄想ファンタジーもＡＶにとっては大切な要素だと思うと、妙にいやらしく感じる自分もいた。

少し学校に慣れた頃、私は二人目の男性経験をした。

八歳年上の社会人だった。学校の友達の先輩と同じ会社の……みたいな人で、みんなで遊んでいるときに紹介されたような気がする。やさしい感じだった。

そして、「二人で会わない？」って誘われて、遊びに行って抱かれた。

まだ親の保護を引きずっている年頃の八歳上っていったら、もう立派に自立してそれなりにお金も持ってるし、実際の年齢差よりすごく大人に感じた。

そういう男の人と付き合ってる自分も、少し大人になったようでうれしかった。

ルックスも大好きなタイプだったので、呼ばれれば、会いに行った。

エッチも大人の余裕というか、私を恥ずかしがらせてよろこんでいるようだった。私は本当に恥ずかしくて、まだまだ気持ちいいと思えるようなこともなかった。

ちゃんと友達とか会社の同僚にも紹介してくれたので、私はすっかりその人の〝彼女〟なのだと思っていた。その日も呼ばれてクラブみたいなところに出かけていくと、その人の友達の誕生パーティーのようなものが開かれていた。

最初は普通に楽しんでいたんだけど、そのうち、その人に電話が掛かってきて「急用ができた」と、私をひとり、そこに置いて帰ってしまった。

「みんないいヤツだから、楽しんで帰ってよ」

そりゃそうかもしれないけど、一緒に来た彼女を置いて帰る？

もしかして彼女だと思ってたのは私だけなのかもしれない。私は遊ばれていたのかもしれない。いずれにせよ私のことはそんなに大事じゃないんだな。

しばらくして何事もなかったようにその人に呼ばれたとき、私は言った。

「エッチしたいだけなら、こういう関係はもうやめたい」

その人は少し驚いたような顔をしてから、「そんなことないよ」と否定することもなく、照れ笑いを浮かべた。私は結局、遊ばれたんだと思った。

その人の中で、私は付き合った彼女にカウントされていないと思う。だから私も、すごく好きだったけれど、その人を過去の恋人に数えたくはない。

新宿でオジサマにスカウトされたのは、その人と決別した直後だった――。

第 2 章
吉沢明歩誕生

はじめてのＡＶ撮影

二〇〇二年、十一月六日――。

一睡もできずに朝を迎えた。
今日から私は、ＡＶ女優になる。
人前で裸になって、セックスしなければいけない。
カーテンを開けると、バカみたいに眩《まぶ》しい陽光が射しこんできた――。

目を細めて振り返ると、テーブルの上にレンタルビデオショップの貸出袋が置いてあった。中には映画『失楽園』のＶＨＳテープが入っている。役所広司さんと黒木瞳さんの濃厚なラブシーンが話題になった一九九七年公開の作品だ。
昨日の夜、近所のレンタルショップで借りてきたのだ。

それまで私は本当にAVを見たことがなかった。セックスするといっても、具体的にどんな映像になるのか、はっきりとしたイメージが浮かんでこない。

そこで翌日の撮影の参考になればと思って、AVを借りに行ったのだが、薄いカーテンで仕切られた「18禁」のコーナーにはどうしても足を踏み入れることができなかった。

一般作品の棚を見て回ると、いちばん濡れ場が多そうなのが『失楽園』だった。部屋に戻って見てみると、それは美しい映像で描かれた大人の恋愛物語だった。

確かに役所さんと黒木さんのラブシーンは、セクシーで刺激的だったが、自分が臨もうとしているAVの撮影に参考にならないことは、容易に私にも想像できた。

見終わったのが午前一時頃だった。それからすぐに布団に入ったのだが、まったく眠れなかった。何度もトイレに行ったのを覚えている。

そのとき私が住んでいた1DKの部屋は、四階建てのビルの四階にあった。

事務所に入ると決まったときに敷金礼金などの費用を前借りさせてもらい、看護専門学校の寮から引っ越してきたので、まだ三ヶ月ぐらいしか経っていない。

あまり家具もなくすっきりとして、まあ、殺風景だった。

たしか住居として使われているのは四階だけで、一階にはテナントの店舗が入っていて、二階と三階はさまざまな個人事務所が入っていたと思う。

エレベーターがないので四階までは階段で上らなければいけなかった。

さらにその頃は、都内の移動に自転車を使っていたので、路上に置いておけないから階段の踊り場までかついで持っていかなければならず、それがかなりしんどかった。

築年数はかなり古いものだった。内装はリフォームされて新しくなっていたのだが、お風呂が自動給湯のユニットバスではなかった。

ガス窯付きの水を湯船に溜めてからボンと火をつけるやつだったので、疲れて帰ったときなどついウトウトして、本当の熱湯風呂になってしまったことが何度もあった。

ただ、陽当たりと風通しは最高だった。いつでも引っ越せるように、必要最低限の物しか置かなかったので、結局、二年半ほど清潔に住むことができた。

家賃は十万円ぐらいだった。直前まで寮に住んでいた私としては、高いなあと思ったけれど、渋谷の近くで都心の一等地なので仕方なかった。

それにAVの専属契約が決まっていて、とりあえず一年間は同世代の女性よりはかなり多額の収入が保証されていたので、前借りの返済も家賃の支払いも心配はなかった。

専属契約の場合、毎月一本分の出演料が、メーカーから事務所に支払われ、その中から私の取り分を振り込んでもらうのだ。

そして一睡もできなかった朝、プロダクションの社長Tさんが、はじめての撮影現場に向からため、その部屋まで迎えにきてくれたのは午前八時前だった。

撮影場所は埼玉県三郷市にあるスタジオで、集合時刻は午前九時だった。普通なら車で一時間もかからずに着く場所らしいのだが、高速で大渋滞に巻き込まれた。都心に向かう朝のラッシュとは逆方向なので、事故渋滞だったのかもしれない。

「ええ、まったく進まなくて……すいません、けっこう遅れそうです」

運転席のTさんが何度も電話をしていた。

私も助手席で気が気ではなかったのだが、その日は、車の中にいると着てきたニットが暑いほどのポカポカ陽気で、やがて睡魔に襲われていた。

はじめてのAV撮影に向かう心境を、私は例の大学ノートにこう記していた。

《いよいよ撮影かと考えると、どんな感じなんだろう、最後まで吉沢明歩を演じることができるのかと、すごく不安があった。夜はぜんぜん寝つけないし、目の下にクマできちゃったけど、車の中で仮眠できたからよかった。

決心なんて、ずっと前にしてたんだ。裸をさらす仕事も一生懸命やろうって。

だから絶対に「無理です」とか「できません」なんて言ったり、泣いちゃったりなんてしない。演技に集中できるかどうか、男優さんを心から愛することができるのかどうか、不安

はそのあたりにあった――》

結局、スタジオに着いたのは午前十一時近かった。二時間の遅刻だ。

豪華な一軒家という感じのハウススタジオだった。

「申し訳ありません、遅れちゃって」

私たちが恐縮して入っていくと、スタッフのみなさんがにこやかに迎えてくれた。

想像してたよりもたくさん人がいて、それに私が思ってたAVの撮影みたいなジメッとした雰囲気もなくて、みんなサクサク動いていて、なんかアイドルのイメージビデオを撮るような現場だったので、ホッとしたのを覚えている。

「とりあえずメイクしちゃいましょっか」

唯一の女性だったメイクさんが、すかさずそう声をかけてくれたのも助かった。

そのメイクさんとはその後何回も仕事で一緒になって、そのときに聞いたのだが、実はその大遅刻のとき、私たちが到着するまで現場はかなりピリついていたそうだ。

デビュー作に遅刻って、どんだけすごい女優だよ……みたいに。

しかし、私たちにはそんな態度を微塵も見せず、逆に私がはじめての撮影だということで、みなさんとても気をつかってくださった。

時間が押していたので、午前中は服を着たままのイメージシーンしか撮れなくて、お昼をはさんで、いよいよ〝初脱ぎ〟の撮影になった。

撮影する部屋には少しでも私をリラックスさせようと最少人数。たぶん監督の村山恭助さんが自分でビデオカメラを回して、あとは音声さんだけだったと思う。

私はショーツの上にピンクのワイシャツを着ていた。

カメラを回した村山監督にとても柔らかい口調でいろいろな質問をされた。デビュー作ということで、私を紹介するためにも長いインタビューになったのだろう。

そのインタビューの流れで、「じゃあ、カメラに向かって脱いでください」と言われたのだが、これがもう脱げなかった。心ここにあらず。

すでに宣材撮影でカメラの前で裸になっていたのだが、やはりスチールとムービーはかなり撮られている感覚が違った。それに、その映像はユーザーに見られる作品になるわけだから、そう思うとなおさらカチカチになって脱げなかった。

ブラジャーは着けていなかったので、ワイシャツのボタンを外せばいいだけなのだが、そのボタンが外せなかった。手が動かなかった。

誰かに脱がされるほうがまだましだったと思う。自分で脱いで見せるのは……。

「自分のタイミングでいいから、脱げると思ったら言って」

そう言って監督は私が脱ぐまで待つと決めたようだった。

はっきりと目は覚めているのに、金縛りに遭っているようだった。私の頭の中では、「カチッ、カチッ」と時計が時を刻む音が鳴っていた。

そんな監督と私の我慢比べのような時間は三十分に及んだと思う。

やらなきゃ、やらなきゃ、「無理です」は言わないと誓ったはず。指、動いて。

「デビュー作の初々《ういうい》しさが撮れて、よかったよ」

ようやく脱ぐことのできた私に、監督はそう言った。

最後まで気をつかわせてしまった。

そして、とうとう〝初絡み〟だ。煌々《こうこう》としたライトを浴びながら、居並ぶスタッフの前でセックスをして、それを撮影されなければいけない。

お相手の男優さんは、平本一穂さんだった。現在は男優を引退されて、AVの監督やプロデューサーをされている方だ。大学ノートにはこう書かれていた。

《平本さんとはじめて顔を合わせたのは、シャワー浴びて、ガウン羽織って出ていったとき。「ベテランだからね。安心してまかせてれば大丈夫だよ」ってメイクさんが言ってた通り、優しそうなお兄さんというか、パパって感じの方でした。

笑顔で握手したけど、撮影直前の御対面。愛情なんて演技でなければ生まれるはずもなく、戸惑いを感じずにはいられませんでした。

けれど、言ってみれば俳優を目指しての初演技なわけで、ここからのスタート。自分には負けたくなかった。絶対に最後まで演じてみせるという意気込みがわいた。

平本さんはとってもやさしく気をつかってくれて、本番までずっと気持ちが和《なご》むような話をしてくれたり、アドバイスをくれたり、この撮影で監督に「よかったよ」って言ってもらえたのは、彼のおかげだと思ってる。

本番前、ハグして、気持ち入れて、手をつないでベッドまで行った——》

その頃、平本さんは三十代の半ばぐらいだったと思う。私にとって二人目の男性だった八歳年上の人よりも、まだだいぶ年上で、失礼ながら当時の私はその年代の男性をセックスの対象とは思っていなかった。

ただ、私がデビューした頃はあまり若い男優さんはいなかった。当然、AVではだいぶ年上の男性と絡むことが多くなり、そのうちに、セックスに関しても中年の方のほうが包容力があり、女を感じさせてくれると知ったのであるが。

それもAV女優をやっていなければ、知ることができなかったことかもしれない。

別室で二人だけで話をして、手をつないでベッドまで行った平本さんと私。

その部屋には、監督さん、カメラマンさん、照明さん、音声さん、ADさんと五人のスタッフがいた。やっぱりわかっていても平常心ではいられなかった。

人に見せるセックスなんて想像もできないから、平本さんに任せるしかなかった。

私は自前の白いニットが似合うということでそれを着ていた。グレーのミニスカートは衣装だった。その下の白いショーツも撮影用に用意されたものだった。

平本さんは海パンみたいな男優パンツにTシャツを着ていたような気がする。

ベッドサイドで立ったまま後ろから抱き締められて、愛撫が始まった。全身を撫で回されて、耳や首筋、うなじを舐められた。それから徐々に服を脱がされていった。

平本さんのなすがままなのだが、私は、とにかくカメラを止めちゃダメだ、カットはかけられないということが頭にあった。映像なので無言じゃダメだと思って、ずっと声を発しなきゃ、喘ぎ声を出さなきゃということを考えていた。

やがて全裸にされた私は、衝撃的なAVの洗礼を受けることになった。

平本さんがベッドに腰掛けて、その膝の上に私を座らせた。

目の前にスタッフがいてカメラがあった。私は両手で胸を隠すようにして、ギュッと膝を閉じ、ちょこんと平本さんの膝の上に乗っていた。すると平本さんが、後ろから抱き寄せるようにして私を深く座らせると、両手を私の膝に絡ませてきた。

（え……？）

そのままググっと抱え上げられた。

そして、大胆にもほどがあるほど、両脚をガバッと広げられた。

（えぇーッ！）

私はカメラに向かって内腿が水平になるほど脚を広げて、恥部を晒《さら》していた。

耳元で声がした。

「ほら、みんなに見られてるよ。どぉ？」

さっきまでやさしかった平本さんが、鬼のように思えた。

のちにそのポーズはAVの定番だと知ったが、そのときの私は知る由《よし》もなかった。

さらに平本さんは、広がった私の脚を自分の膝で固定して、右手でヴァギナを愛撫し始めた。静まり返った部屋に、クチュクチュという音が響いた。

「こんなに濡れて、興奮してるんだね」

そんなことを言われて、私は死にそうなくらい恥ずかしかった。

とにかくライトが明るかった。それがすべて私の股間を照らしているように感じた。

それでも私は、カメラを止めちゃいけないと、心のどこかで思っていた。

眩しい光の向こう側にいるスタッフの姿は、自分の視界に入らないように心の扉をシャットアウトして、必死でエッチな声を出しながら、カメラのレンズがどこにあるのかだけをチラチラと確認していた。

それがはじめての撮影での、私の限界だったのかもしれない。

コンドームを装着して挿入されたところから先の記憶がないのだ。

無我夢中で覚えていないというのともちょっと違う。わかっているのだが頭の中が真っ白というような。生まれてはじめての状況。あまりの恥ずかしさに、自分がおかしくなってしまうのを制御する自己防衛本能みたいなものが働いたのかもしれない。

そうして一日目の撮影が終わって、やっぱりホッとした。

達成感や充実感というよりは、滞りなく現場が進行して、はじめての絡みも中断することなくＯＫをもらえることができて、素直によかったと思った。

それと同時に、思考を停止するほど恥ずかしかったんだけれど、乱暴なことをされるわけではないし、とんでもなく変態的なことをされるわけでもないし、これなら続けていけるかなという気持ちになっていた。

いずれにせよ十二本契約なので、最低でもあと十一本は撮影しなければいけないのだが、（大丈夫、やっていける）というような感覚を覚えて、安心したのだと思う。

帰りの車の中でTさんが言った。

「監督が、この子は大丈夫って太鼓判を押してくれたよ」

ちょっと幸せな気分で家まで送ってもらい、そこからまたよく覚えていない。

やはり疲れていたのだろう。車の中で仮眠しただけではじめての撮影に臨み、緊張の連続だった一日が終わり、泥のように眠ってしまったのかもしれない。

翌日の朝はすっきりと目覚めた。

はじめての潮吹き

デビュー作二日目の撮影。

その日のスタジオは都内の高田馬場だった。

事前の打ち合わせでコスプレのリクエストを聞かれていて、学校の制服がセーラー服じゃなかったので、「セーラー服が着てみたいです」とお願いしてあった。

超ミニのスカートにルーズソックスという、当時のJKスタイルで撮影したイメージシーンは、照れ臭かったけど楽しかった。

それより何より、その日の撮影には、男優として加藤鷹さんがいらっしゃると事前に聞いていたので、どんな方なんだろうとドキドキしていた。

鷹さんはその当時すでに、AV男優という枠を超えた有名人で、テレビなどにもよく出演されていた。はじめてAV業界から出現した男性スターだったのかもしれない。

スタジオ入りしたときから、もうオーラが違った。

圧倒されるキャラの濃さ。只者じゃない感がビシビシ伝わってきた。

着てるものもオシャレな芸能人のようで、見るからに「加藤鷹」だったのである。

「いやーデビュー作なんだってね。さすがの俺も緊張しちゃうな」

出会い頭にそんなことを言われて、私は笑ってしまった。

私をリラックスさせようとしての鷹さんならではの気のつかい方なのだろう。

前日の平本さんは別室で二人きりになって癒し系トークで私を和ませてくれたのだが、鷹さんは挨拶もそこそこに、現場のみんなに向けて話し始めた。

「あのさ、俺、最近流行ってる○○やってみようかと思ってるんだけど……」

自分のことを話すのが好きな方のようだった。立て板に水のようなトーク。

それはまさに〝鷹さんタイム〟というようなおしゃべりワンマンショーで、見る見る現場の空気が温まっていった。鷹さん色に染め上がっていった。

そういうところも含めてカリスマ男優なんだろうなと、私は感心した。

そして、その流れのまま絡みに突入したのである。

私はセーラー服を着たままキスをされた。前日もそうだったように、当然私は、男優である鷹さんに身を任せるしかなかった。前日と同じように、カメラの位置だけを気にしながら、撮影がうまく進行するようにエッチな反応を心がけていた。

ただ、前日よりは、少しだけ冷静でいられたのかもしれない。だから気づいたのだが、鷹さんは絡みに入ってもずっとしゃべっていた。

「ここ？　ここが気持ちいいの？」

舐めたり、摘まんだり、途切れることなく愛撫しながら囁《ささや》いてきた。

「こういうのも、感じちゃうんだね」

ソフトな〝言葉責め〟とでも表現すればいいのだろうか。セックスするときの男性は寡黙というイメージがあったので、こんな男の人いるの？　と驚いた。

「いいよ、ほら、もっとエッチになって」

とはいえ、やはりそれは鷹さん独特のプロの男優としての演出であり、作品にオリジナルの世界を生み出すためのテクニックだったのだろう。

それに、その当時の男優さんはまだ、私たち女優を引き立たせるための縁の下の力持ち的な立ち位置の方が多かったと思うのだが、現在の男優さんには、個性豊かでそのキャラクターを売りにしている方もたくさんいる。

そこに「加藤鷹」の影響は少なくないと思う。そう考えると、鷹さんがAV業界に残したものは、やはり非常に大きいのではないだろうか。

さらに驚いたのは「感じるんだね」「気持ちいいでしょ」って、鷹さんのねっとりした声でずっと話しかけられているうちに、それが頭の中をグルグルグルグル回って、そうかもしれないって思い始めたのだ。催眠術のように……。

エッチに自信のない男の人は、女のコを気持ちよくさせる〝おまじない〟だと思ってチャレンジしてみてもいいんじゃないだろうか。もっとも普通の男性が鷹さんの囁き戦術を真似したら、女性は笑ってしまうかもしれないが。

それはさておき、なんといってもそのときの撮影で印象に残っているのは、すでに鷹さんの代名詞になっていた「ゴールドフィンガー」だ。どんな女優でも鷹さんの手にかかると潮を吹いてしまうというのが由来らしい。

私は〝潮吹き〟なんて見たことも聞いたこともなかったので、鷹さんが私に指を挿入して、またしても「出ちゃう？　出ちゃうの？　出そうだね」と囁いてきても、彼が何をしようとしていたのかまったくわからなかった。

「ほーら、出たね。まだ出るよ、全部出して」

やだ、出てる。どうして？　自分の体に、そんなことが起こるとは思ってもいなかったので、それが潮吹きだと後から教えてもらったが、それでも理解できなかった。

ただ、確かに膣内を刺激されているときに前兆はあった。オシッコが漏れそうになっているときの感覚に近かった。なので、撮影じゃなかったら必死で我慢していたかもしれない。頭の中にAVの撮影だっていう意識が間違いなくあって、何かが起こったほうがいいだろうと、我慢することをやめていた感じはする。

その後は、鷹さんだけじゃなく、多くの男優さんの指で潮吹きを経験したが、私の感覚としては、あれはやっぱりオシッコに近い。

少なくとも私は性的な快感ではないと思う。

オシッコにあるはずの成分がないから違うと言う泌尿器科の先生もいるが、潮を吹いた後の感覚が、放尿後にすっきりする感覚に似ている。何かが溜まって下腹部にかかっていた圧力が、放出されてフーッと楽になるということだ。

今思えば、はじめてお会いしたときに、鷹さんのゴールドフィンガーで味わった潮吹きは、生まれてはじめての出来事で衝撃的かつ感動的ですらあった。

でもその後は、私が潮を吹きづらい体質だということも徐々に判明して、鷹さんのゴールドフィンガーでさえ痛いと思うことがあった。しかもヘタな男優さんになると、吹きづらければ吹きづらいほど、吹かそうと思って普通の指入れより激しく出し入れするので、苦痛でしかなかった。何度かギブアップしたこともある。

ただ、本当に吹きやすい体質の女優さんもいて、元祖潮吹きヒロインの紅音ほたるさんとか、最近では吹きやすい女優さんも多いと聞く。

吹きやすい女性は、指で掻《か》き出すようにしてビュッと吹くのじゃなくて、挿入して出し入れしていたペニスを抜いたら、ブシャーッと噴水のように出る。

それはまさにAVならではの女体スペクタクルというほど圧巻の光景で、やはりそれを見た監督はここぞというときに撮りたいと思う。その気持ちは私にもわかる。

私もプロのAV女優として吹きたいのは山々だったのだが、いかんせん体質が違う。

潮吹きを求められたときには、撮影前に電解質のスポーツドリンクを水で割って大量に飲んだり、なた豆茶を飲むと吹きやすいという説があったので、かなりお腹いっぱいになるまで摂取して濡れ場に臨むというような努力をした。

しかし、とても水芸のようにビュービュー吹くことはできなかった。

ところが、ある日、その悩みが一気に解決された。デビューして数年後のことではあるが、潮吹きを再現することのできる方法が開発されたのだ。

ＡＶはユーザーの方たちが満足してくれるような迫力ある映像が命だ。

射精シーンだったらザーメンの量が多いほうが迫力がある。ぶっかけ物なんかはなおさらだ。そんなときに卵白などで作った疑似ザーメンを注射器で発射するのは有名な話だ。

それの潮吹きバージョンだと思ってもらえばいい。

潮吹きだってリアルにやってショボいよりは、リアリティのある映像が撮れるのであれば、疑似で迫力を出したほうがユーザーのみなさんのためだと思う。

私が知っている、つまり、体験した潮吹きの再現方法は二つある。

ひとつは電動式ハンディマッサージャー、いわゆる電マを改造した潮吹きマシン。振動部分に開けた穴に細いホースをつないで、電マ責めの最中に噴射させる。

もうひとつは、ホースを男優さんの腕にカメラに映らないように貼りつけて、先端を指の間に通し、指入れしながら噴出させる方法。どちらもＡＤさんが空気入れを使って手動で潮を吹かせるので、かなりアナログなのではあるが。

鷹さんのゴールドフィンガーから脱線してしまったが、男優さんも女優も生身の人間なのだから、ＡＶにはそういう〝演出〟も必要なのだ。

潮吹き後の鷹さんとの本番では、頭が真っ白になることもなく、ちゃんと受け入れることができた。私も初日よりは冷静だったのかもしれない。

その日は、それで終わりではなく、もう一絡みあった。

DVDだけにつく特典映像というやつだ。

当時はAVもまだVHSのビデオテープが主流だったのだが、ちょうどDVDに移行している時期で、それを後押しするためにDVDに付加価値をつけていたのだ。

それで私は、生まれてはじめて自分がリードするセックスに挑戦した。

お相手の男優さんは、まだ若い方だった。

プライベートでも経験がないので、どうしていいかわからなかった。

「できるところまででいいから、やってみようか」

監督はそう言うけど、自分からキスするだけでも恥ずかしかった。

男優さんはもちろん監督にそう指示されていたんだろうが、本当に何もせずにあお向けで寝転がっているだけだった。

「じっとしてていいよ、私が気持ちよくしてあげる」

自分がドキドキしてるのに、そんなことを囁いて乳首を責めた。乳首を舐めながら股間に手を伸ばしてペニスをしごいた。手コキだって不器用極まりなかったが、男優さんが勃起してくれたので、騎乗位で挿入した。

「あの……どうすればいいんでしょうか？」

挿入したはいいが動き方がわからなかった。ヴァギナにペニスが入った状態で、監督に腰使いを教わってどうにかやってみた。女性上位で何度か身体の位置を変えて、そのたびに「上下に動かして」「前後に振って」と言われ、操り人形のようにセックスした。

なんとかフィニッシュまで行くことができたが、すごく大変だった。

それでようやくデビュー作「天使の蕾」の撮影が終わった。

二人しか男性経験がなかったのに、二日で三人とセックスした。しかも何人ものスタッフがいる前でカメラに撮られながら……でも、私はそれを仕事に選んだんだ。

帰りの車でTさんに言われた。

「よく頑張ったね」

私は前を向いたまま小さく首を振った。

写真集「あきほ」

はじめてのAVを撮影した直後に、写真集のサイパンロケが待っていた。

大学ノートには二〇〇二年十一月十一日の日付で、うれしそうに記録されていた。


《4：30起床で急いで準備して、5：50に家を出ました。初海外&初ロケ!!

だけど仕事モードで。事務所行ったら、Sさんも見送りに来てくれていてビックリだった。

&嬉しかった。成田超混んでた。サイパン着いたら、スコール!!

びっくりだよー、いきなり雨かい、みたいな。でもスグに晴れてうっとうしい位暑かった。

蒸し×2するし　買い出し行ってホテルに戻って6：00頃夕食。

明日の朝はマックだって。まだ仕事入ってないから食モードです。

明日からのロケに今後の仕事のすべてがかかってくるんだから、一生懸命頑張るゾ！》

なぜ今後の仕事のすべてがかかってくるかというと、撮影は写真集のほうが後なのだが、発売は早いからだ。二〇〇三年の二月に写真集、三月にビデオだった。

つまり、「吉沢明歩」のヌードが世の中に登場するのは、この写真集が最初ということになる。そしてたくさんのモデルが載っている雑誌ではなく、写真集には私しか載っていないのだから、売れるか売れないかは私次第。売れれば仕事の可能性も広がる。

ただ私は、ＡＶの撮影を経験して安心していたのかもしれない。男優さんとの絡みもないし大丈夫だろうと思っていたのだが、スチール撮影の難しさを思い知る。

《ビデオはずっと回ってるから、気抜いたり、笑顔作ったり、自由にしても、一瞬いい表情があるだけで、あ、かわいいなって思ってもらえるかもしれないけど、写真はシャッターの一回一回良い表情、良い体の表現をしないと！　って力を入れすぎちゃって、逆にそれが表情を固まらせてしまってた》

ヌードモデルも奥が深いなと試行錯誤しながら、なんとか三日間の撮影を終えた。

帰国後しばらくして、編集部でポジチェックをさせてもらった。現在では写真といえばデジタルカメラ。スマホも非常に高画質だが、その頃は写メールが出たばかり。写真集やグラビアなど印刷用の写真は、ポジフィルムで撮影するのが当たり前だった。

しかも写真集ともなればフィルム何百本も撮影するわけで、そこからカメラマンさんがセレクトして切り出したものを見せてもらったのだ。

自分とは思えないほどキレイに撮ってもらっていたのだが、そこに写っていた私は、やはり心配していたように表情のバリエーションが乏しく、うれしいと同時にちょっとショックだった。もっとグラビアも勉強しなければ……。

とはいえ、夢のまた夢だと思っていた自分の写真集が、完成に向かって動き出しているのを実感できた。出来上がるのが待ち遠しかった——。

写真集のロケから帰って、十日後には二本目のAVの撮影だった。

年内にもう二本、つまり四本目まで撮影することが決まっていた。

その間には、もうAVデビューやヌード写真集発売が決まっているというのに、テレビ局のプロデューサーさんに挨拶に行ったり、大手出版社の面接に行ったり、有名な芸能事務所の方にお話をうかがったり、そういった営業活動も続けていた。

SさんやTさんが、私の夢を実現するために尽力してくれていたからだ。

《Tさんが言った。

幸せのためなら俺は泥をかぶれるって。泥は後で流せる。キレイに洗える。俺の幸せは吉沢明歩の幸せでもある。幸せのために裸で走れって言われれば走る。足舐めろって言われれば、俺もSさんも舐めるんだよ。それで仕事がもらえるなら、幸せになれるんなら、できるんだよって。

涙、出そうだった……。

吉沢がいて、Tさんがいて、Sさんがいる。

３人で同じ方向向いて進めば必ず先には光がさしていて、道が続いているんだから、信じて真っ直ぐに歩いていこう。私はAVやってるけど、12本契約の仕事なんて誰でももらえる訳じゃない。自信持っていいんだ。

頑張れ!! 大丈夫だから、間違ってなかったんだって思える日がきっとくるから》

だから私は、自分の将来について自信を持っていた。

《吉沢明歩はビデオのお仕事をしながら、芝居のレッスン頑張って、女優の夢をかなえたい。雑誌やグラビアのお仕事で明歩を知ってもらいたい。

早くママとパパに安心してもらえるような仕事取る!!

一番の目標だ》

実際、ＡＶの仕事をしながら、その合い間にティーン向けファッション誌のモデルをやらせてもらったり、その年の十二月には、メジャーなマンガ雑誌『ヤングマガジン』のグラビアに水着で載せてもらったりした。

不思議な感覚に襲われた。

どんどんＡＶの撮影は進んでいるというのに、作品は一本も出ていない。つまり「ＡＶ女優・吉沢明歩」は、まだこの世に存在しないわけで、何だろうこれは？　と。

ＡＶの撮影現場では、破廉恥な格好をさせられて汗だくになってセックスしているというのに、ファッション誌では満面の笑みでポーズを取ったり、無機質なスタジオで水着の撮影に臨んだりしている。

ファッション誌やマンガ誌の仕事に関わっているスタッフの方たちは、もうすぐ私がＡＶデビューすることなど知らない。知ったらどう思うのだろう？

なにかそのパラレルワールドのような状況に、頭が混乱した。ビデオの仕事で頑張ると覚悟を決めたはずなのに、揺れ動く自分がいた。

その時期の大学ノートを見ると、それがよくわかる。

《三本目にして行きづまりのようなものを感じた。

一生懸命やっててもそれは周囲に言えない仕事じゃないかって。

親にも友達にも堂々とビデオ女優で一生懸命やってます。応援してね。なんて言ったらどうなるか。後ろ指さされるような、今の仕事を否定されるような、大切な人を失い、自分を失ってしまうんじゃないだろうかって不安ばかり。何で?

何も悪いことしてないのに。世間の考えからいったら、理解などとうていできない職なの、わかってるけど、わかってるからこそ、自分は何やってるんだろう。って思ってしまった。一番思っちゃいけないこと。

一生懸命やってます。将来のために頑張ってます。なんてキレイ事で、実際やってるのは、親にも友達にも表立って言えないようなことじゃん。

うしろめたい気持ちはぬぐえない、どうやっても……。

わかってもらいたい人にわかってもらえない。わかってもらえなくても、それでもどこかに、わかってくれる人が居るならいいじゃない。頑張ろうよってそう思ってた。

でもつらいよ……》

一日一日、気分が違った。


《今日ねー男優さんに「Hだね」って言われた。

体がHだねって。フェロモンだよ、とか言われた。多分よろこぶべきことだと思う。でもHな女の子って恥ずかしいし、えー違いますよって否定した》

二日撮りの前日と翌日では、意気込みが違った。


《「セックス」っていういやらしい言葉。

今まで絶対恥ずかしくて口にできなかった。

慣れたんじゃない。麻痺したわけじゃない。考え方変わったの。

気持ちいいだけの快楽、性欲、性交、誰にでも見えるものじゃないから、いつも隠してるものを隠さず、それは肌だったり、気持ち（欲求）だったり、自分の恥ずかしい姿だったりするのだけれど、誰でもするごく自然なことなの。

鎧を捨て、バリアを取り払い、自分のすべてをゆるせる、開け放つことのできる相手がいて、（もちろんこの場合は相手が恋人なのだが）セックスという行為を行う。

愛する方法。愛の証。愛しいがゆえの行為なのだ。

恥ずかしいの一言だけじゃなくて、もっと愛して、もっと好きになって、もっと見て、顔を、息を、肌を、全身を私のすべてを受け入れて愛して欲しいって思うことは、いやらしいことじゃないんじゃないか。自然な気持ちなの》

文章だけ読んでいると、心を病《や》んでいるようにさえ思えてしまう。

今さらながら揺れ動く私だが、現場でアダルトビデオ専門誌を見たり、スタッフさんと話したりするうちに、自然とＡＶの世界にも詳しくなっていった。

その当時、すでに日本のＡＶ業界には、私が想像していたよりもずっと多くのＡＶ女優が存在しているということを知った。女の私が見ても、すごく可愛かったりスタイル抜群の女性がたくさんいた。巨乳とかロリ系とか個性豊かな女性も多かった。

そんなにルックスに恵まれたコがＡＶ女優をやっているなんて知らなかった。

私の目標は専属契約をしていただいた一年間で、ＡＶ女優のナンバーワンになって次のステップに移ることだった。そうなれると思い込んでいた。

現実を見せられて、それが甘いことではないと思い知った。

その不安が、さらに私の精神状態を不安定にしていたのかもしれない。

それでも私は諦めたくなかった。AV女優として成功するんだという気持ちは萎《な》えることがなかったので、やらなきゃ、頑張らなきゃと発奮した。

十一月はじめから年末までに四本の撮影というスケジュールは決まっていた。なるべくはやく契約本数の撮影を終わらせてしまったほうが、私が楽だろうと気をつかってくれたのかもしれないが、一ヶ月二本の撮影ペースは新人には過密だった。内容を確認して、監督と打ち合わせをして、撮影に臨む。その間にグラビアなどの仕事も入ってくるので、演技プランを考える余裕などなかった。

しかも、どんどん作品のセックスの中に、新しいチャレンジみたいなプレイがはいってくるので、それをこなすだけで精いっぱいというか、このままじゃ自分の中で消化できないままに、どんどん撮影が進んで契約の本数が終わってしまうような気がした。

なので、まだ撮影の日程が決まっていなかった五本目、つまり二〇〇三年に撮影する作品からは、月に一本のペースにしていただくようにお願いした。

前の作品の反省点を踏まえ、次の作品へ向けての心構えをしっかりと築く時間的余裕が欲しかった。撮影間隔が一ヶ月あればそれができると思った。

AV女優・吉沢明歩がナンバーワンになるためにも、エッチな演技プランをしっかりと練って、AV業界に爪痕を残す作品を作りたいと思っていた。

ローターオナニー

ＡＶ女優として高みを目指し試行錯誤していた、同じ頃、私には女としての悩みがあった。作品のたびに、セックスのプロともいえるＡＶ男優さんと何人も絡むのに、イくことができなかった。それを知ればば私のセックスも変わるのだろうか。


《絡みは撮られることに慣れてきた。

男優さんとちょっと話したのだけれど、男優だからってＨがうまいってわけじゃない。演技がうまいのであって、Ｈがうまいわけじゃないのによく勘違いされるって言ってた。

私はＡＶ女優としてイク感覚を知りたいって思った。

何で気持ちいいのにイカないのかなって、監督にもメイクさんにも相談した。山を越えたら（イク感覚覚えたら）、簡単にイケるようになるのか……悩むよ》

そんなとき、私は運命の出会いをした。

作品の中で、はじめての〝ローター責め〟をされた。

そのシーンで私は生まれてはじめて、イクことを経験したのだ。

(この世にこんなにも気持ちいいものがあったなんて！)

本気でそう思った。その快感は衝撃的、いや感動的ですらあった。AVをやってよかったと思った。そんなローターに出会うことができたのだから。

もし、例えばプライベートで彼氏がいるときに、彼がセックスでローターを使おうとしたら、私は拒否していたと思う。でも撮影だから抵抗感を覚えつつ受け入れた。

そうしたらイッた。人生初。あまりの感動に撮影が終わってから、

「すごいですね、これ」

監督にそう言うと、こんな答えが返ってきた。

「そうだろ。ま、だいたい六、七万するからな」

ひえ〜、小さいけど、この中にはすごい高性能なものが詰まってるんだろうな。じゃなきゃ、一回もイッたことない私がイッちゃうわけないもん……六、七万かぁ。

「そんなに気に入ったなら、持って帰っていいよ」

「ほ、ほんとですか。ありがとうございます」

そんなに高価なものをもらっていいのかと思いながら、愛用させてもらった。実はドンキで数百円で売っていると知ったのは、ずいぶん後のことだった。

それはさておき、それまでやっていなかったオナニーが習慣になった。

そのときは彼氏もいなかったので、二〇〇二年の年末から二〇〇三年のお正月は、まさにローターが恋人だった。ローターがいたから寂しくなかった。

クリトリスでイクのにローターは最強だと思う。電マはごつい形状に抵抗感があるし、激しい振動は好き嫌いもあるようだ。その点ローターは女性なら誰でも気に入るのではないだろうか。イケなくて悩んでいる女性は、ぜひ使ってみてほしい。

ローターでイクことを覚えれば、悩みが消えて精神的な安定にもつながる。

ヨーロッパの女性たちは性的にすすんでいるので、普通にデパートでアダルドグッズを売っているという。最近、大阪のデパートにも売り場ができたらしい。何よりネット通販で安く簡単に手に入るのだから、悩んでいる必要はないのだ。

そうして自分の気持ちよくなれるポイントを知っていれば、彼氏とのセックスもより楽しくなるし、心が解放されて豊かになる。

私も、もっとはやくからオナニーしていればよかったと思う……。

「吉沢明歩」がデビューする二〇〇三年。

ややスケジュールに余裕のできたAVの撮影に自分の演技プランを持ち込み、監督とコミュニケーションを取りながら演じる。クリでイケるようになったから、喘ぎ声やエッチな表情がリアルになったような気がした。

そして、いよいよ写真集の発売日、二月二十日がやってきた。

自転車で近所の本屋さんを巡ってみた。実際に並んでいるのを見ると、実感が湧いてきた。

恥ずかしいけれど、やっぱりうれしかった。

ただ、かなりショックな出来事も起こった。

前にも書いた専門学校でいちばん仲が良くて、事務所に入ることも相談していた友達に、写真集が出ると明かしていた。

彼女も本屋さんで見たらしく、ヘアヌードだと知ってメールがきた。

✉
何で有名になりたくて頑張ってるの？
脱いだりしても周りの男のひとりHの道具でしかない！
私の予想ではもうAV出てるんじゃないかなとも思ってるし。

有名になるとかもう無理だって！

金がいいから知らないけど、わざわざそういうことしなくても普通に仕事したら？

親とか友達とか自分を傷つけたり、自分がやってること正直に言えないし、全然堂々としてないし、違うとこで頑張ってるみたい。

そんなの頑張ってやってることじゃない。

むしろやらないほうが普通だと思う。

〈'03年2月28日　13：00〉


そう言われることはわかっていた。

わかっていたけどショックだった。つらいなって……。

でも、私は私の気持ちがあって始めたわけだし、別にだまされてるわけではないから、その相容れない溝をどうやって埋めたらいいのかわからなくて、私は大学ノートにこんなことを書き記した。


《私は今、一人で頑張ってるわけじゃない。

たくさんのスタッフと一緒に頑張ってる。

だからきっと大丈夫。友達がみんな認めてくれなくても、応援してくれる人は絶対にいるよ。自分の幸せのために、応援してくれている人たちのために、吉沢明歩は負けない。何を言われても、自分の気持ちが一番大事なんだから。どんなハードルも乗り越えなくちゃ。そんな位の強い気持ちがなくちゃ勝てないよ！

弱い自分はもう見せないようにしよう。

周囲によけい気をつかわせてしまう結果になるだけだもん。

弱さはこの日記に仕舞って、どんどん強い明歩になろうね》

その後、彼女と私は、まったく違う人生を歩んだ。

私が十六年間AV女優をやっている間に、彼女は結婚して四人のお子さんを産んだ。

実は、二人目か三人目のお子さんが生まれた後で会ったことがある。

私は自分のこと、仕事のことで悩んでいた。彼女は子供のこと、家庭のことで悩んでいた。お互いの悩みの質が違いすぎて、どうしていいかわからなかった。

私が引退した今、会ったら何を話すのだろうか……。

天使の蕾

私のデビューAV「天使の蕾」は、三月二十八日に発売された。

リリース前に送ってもらって、ひとりで見た。「AV女優・吉沢明歩」のデビュー作としてどういうものが世の中に出回るのか、見ないではいられなかった。

（私って、こういう顔してるんだ）

自分じゃないような気がした。やはり声も違って聞こえた。

最初のインタビューは可笑《おか》しいぐらいガチガチになっていた。恥ずかしくても、もっとカメラを見たほうが伝わったはずだ。ずっとカメラ目線というのも訴えすぎだが、たまにしっかり見ると、見てる人がグッとくると思った。

頭が真っ白になってしまった平本さんとの絡みは、ひと通りの体位でやられてるって感じだった。一生懸命に喘ぎ声を出していた。

画面を通しても二日目のほうがリラックスしているのが伝わってきた。

ときどき楽しそうに笑っていた。

スカウトされてから八ヶ月と、ちょっと——そう言ってしまうと短いように感じるが、私の人生の中で、もっとも濃密で激動の八ヶ月だった。

こうして、「AV女優・吉沢明歩」は誕生したのである。

第３章
レンタルＡＶの洗礼

デビューイベント

私がデビューした二〇〇三年。

ＡＶ業界は、従来からのビデ倫（日本ビデオ倫理協会）に加盟するレンタル系のメーカーと新興のセルビデオメーカーがしのぎをけずっていた。現在では、ＡＶの視聴方法もサブスク（サブスクリプション＝定額見放題）が主流となって、レンタル系もセル系も作品内容にさほど差がなくなったが、当時はだいぶ違っていた。

自主規制のセルビデオは、内容が過激でモザイクも小さかったのだ。

私が契約していただいた「アリスＪＡＰＡＮ」さんと「マックス・エー」さんは、ビデ倫加盟のレンタル系大手メーカーだった。

デビュー作品が三月二十八日にリリースされると、急に取材や撮影が多くなった。そのときの高揚した気持ちが大学ノートに書かれていた。

《各誌新人のコの特写インタビューがあるらしく、最近グラビアの仕事が多い。スチールは楽しいし、いろんな編集さんやスタッフの方に会えるので楽しみなんだよね。
また次回も仕事したいって思ってもらえたらいいな。
スタッフに好かれる明歩になりたい》

今ではほとんどなくなってしまったが、中小の各出版社からAVの情報を中心に取り扱ったアダルトビデオ専門誌が刊行されていた。まだスマホもなかったので、AVの情報をやり取りするためには雑誌の役割が大きかったのだ。

また、一般の男性誌や週刊誌も今よりAVをネタにしていることが多かった。

写真集を出していただいた英知出版の専門誌『ビデオボーイ』では、連載までやらせてもらっていた。文章を書いたり企画を考えるのは、いい刺激になって楽しかった。

ただ、いろんな媒体に新人AV女優・吉沢明歩として取り上げられながら、すでにそのとき、私は七本目の作品を撮影していたのであるが。

《初ドラマ!!「時をかける少女」をモチーフに、幼なじみとの恋や以前の体に戻るための悪戦苦闘を描く……ってな感じの内容。ドラマは楽しいね。表現力が必要だけど演技するのがとっても楽しい。

明歩が演ってる!!　って感じのいいお仕事出来たと思う。

ただね、今回一日目の男優さん、困っちゃった。だって仕事始めて四ヶ月だとか言うの。恥ずかしがり屋だし、全然慣れてなくってとかって。ハメ撮りなのに……。スムーズじゃないし、何より嫌なのは、足開かせてあそこばっかり撮るんだもん。あとはずっとカメラ置いてんの。オイオイちゃんと撮れてんのォ～？　って思った。

優しそうなのに女性の扱い下手。それくらいだね、不満は……》

私もまだ四ヶ月目だったのだが、なかなかの本音を書いていた。

その頃、いろいろなシチュエーションで撮影をしていただいたのだが、特に印象に残っているのが、本当に一人暮らしの女性が住んでいる部屋を借りるというものだった。

どういうシステムなのかはよくわからないが、貸してくれる女性をどうやってか集めている人がいるらしくて、何回か主のいない部屋で撮影したことがある。

ハウススタジオにはないリアルな生活感があった。そしてこんな本音も。

《今日のスタジオは実際住んでる部屋を借りての撮影だったんだけど、スタッフが色々詮索する……っていうか引き出しとか写真とか見てんの。

普通に出てるものを「何だろう?」って見るならわかるけど、どう見ても行きすぎた行為に、明歩は目を疑ったよ。信じられない。デジカメの映像見たり名刺入れ見たり、興味……なんてもんじゃないよね。人のプライバシーさぐりスギだよ。

私は絶対部屋貸さないぞ! って思った》

デビュー後の四月、五月、その年からAVの撮影は月一本にしてもらっていたのだが、グラビアやインタビューでなかなかに忙しい日々を送っていた。

そんな私の体を心配してなのか、ご機嫌を取るためになのか、SさんやTさんが毎日のように食事に連れていってくれた。それも美味しいところばかり。

事務所の社長たちが「どんどん食べな」と言ってくれるんだから、安心して食べていいんだなと思った。忙しさのストレスで食べてしまう。若いから食べられる。

そんなとき、写真集の撮影でお世話になったメイクさんに、とあるグラビアの現場で再会した。その瞬間、アレ? っていう顔をされた。

そのメイクさんが私には直接言わなかったけれど、Tさんが撮影の合い間に「ちょっとダイエットさせたほうがいいよ」ってアドバイスされたらしい。

実は、写真集を撮影したときから三キロぐらい太っていた。見た目でそんなにわかってしまうのかと思って、すごいショックだった。まあ冷静に考えれば、女の三キロはなかなかだ。ボディラインやフェイスラインも変わってしまうだろう。

本当は自分のグラビアを見ても、満足のいくような写り方はしていなかったのだが、美味しい誘惑に負けて、そこは知らんぷりしていた部分もある。

ただ、それまで食べろ食べろだったTさんとSさんが、急に痩せろ痩せろと言い始めたので、内心（どの口が言ってるの？）とは思っていた。

しかし、やっぱり最大の要因は自分の甘えだと思った。とりあえず毎日仕事してるんだから、ご飯ぐらいはご褒美で好きに食べてもいいんじゃないかと甘えていた。

そんなことでナンバーワンになんてなれるはずがない。ビデオ雑誌のグラビアにはたくさんのAV女優が載っていた。その中で目立たなきゃいけない。読者の方が見終わってパタッと閉じたときに、もう一回見たいなっていうページが私じゃなきゃダメなんだ。

そんな意識が芽生えたとき、追い討ちをかけるようにショックなことがあった。

当時、秋葉原にあったヤマギワソフトで、はじめて私がファンの方たちと直接交流するイベントが開催された。トークショーとサイン会、握手会のような催しだ。

デビューから三ヶ月ほどした六月二十一日だった。

（あれ？　思ってたのと違うな）

集まってくれたのは三十人ほどだった。もちろん三十人でも私に会いに来てくれた人がいるのは、すごくうれしかった。ただ、その会場はけっこう大きくて、百人ぐらいは入れるスペースがあった。その景色が、かなり寂しかったのだ。

ＡＶも月一本ペースですでに三本発売されていたし、グラビアやインタビューもずいぶんといろんな雑誌やスポーツ新聞に掲載されていたので、もう少し集まっていただけると思っていたのだが……私ってＡＶファンの方に期待されてないの？

さらにショックだったのは、そのときは秋葉原だったから三十人ほど集まっていただけただけで、その後、何回か地方でもデビューイベントを開催したのだが、なんと十人ぐらいのときもあった。そうなると、ファンの方のほうが気をつかって、三回ぐらい列に並んでくれたり、会話を長くしてくれたりして……本当に申し訳なかった。

へこむと同時に、負けず嫌いがムクムクと頭をもたげた。

とりあえず米とパスタは食べるのをやめて、スポーツジムに通い始めた。

痩せるだけじゃなくて、ボディラインを整えなきゃいけないと思った。目的に合ったマシンで筋トレをして、プールで泳ぎ、スタジオレッスンなども取り入れた。

エステとかにはそんなにお金もかけられないので、月一回ぐらいしか行けなかったのだが、とにかく体の内側から変えようと思ってプロテインも毎日摂取した。

ここで私は本当に意識が変わったと思う。

もっと己の肉体を磨かなきゃいけない！

それまではどこかで、裸になってセックスして、それをAVという形で世に出せば自然と注目を集めるものだと思っていたような気がする。こんなに自分の恥ずかしいところをさらけ出しているのだから、ナンバーワンになって当たり前だと思っていた。

どうして、そんなことを思っていたのだろうか？

世の中にはビックリするほど可愛いAV女優がたくさんいるということを知ったのに、どうして自分がナンバーワンになれると信じていたのだろうか？

やっぱり現実から目を背けて逃げていたんだと思う。

ライバルがたくさんいる中でナンバーワンになろうとするなら、ライバルたちよりも努力しなければいけない。AV女優にとっては商売道具といえる体を魅力的なものに作り上げなくちゃいけない。そんな当たり前のことから逃げていた。

そんな私のためにイベントに集まってくれたファンの人たちが、それを気づかせてくれたのかもしれない。この人たちのために努力しよう。

はじめての撮影から約半年。デビュー作リリースから三ヶ月。

やっと私には、プロのAV女優としての自覚が生まれたのだ。

ただ、毎日の節制の反動で、二日連続の休みが入ると、その一日目にスーパーに行って菓子パンやらゼリーやら、普段口に出来ないものをわんさか買ってきて、お腹パンパンになるまで食べてしまうことがあった。

二日目は何も食べずにジムでひたすら汗を流した。

あれがエスカレートすると、過食と拒食を繰り返すようになってしまったのかもしれない。幸い私はそれを免《まぬが》れ、最終的には、増えた三キロに加えて四キロ、もっとも重かったときから合計七キロの減量に成功して、それを現在までキープしている。

まあ、体重よりも体型をキープするほうが難しいのではあるが……。

そしてもうひとつ、AV女優に大切なのはやはりセックスの内容だ。

年間十二本契約の撮影も、すでに九本を撮り終わり、残り三本というところまできていた。何かの変化をもたらすには最後のチャンスだったのかもしれない。

ダイエットと肉体改造を始めてすぐの七月はじめ、十作目の打ち合わせをしているときに、監督からそれまでの作品での私の絡みについてダメ出しをされた。

《今日、監督に今までの作品は型にはまってて、波がないって言われた。

演じようとして自分を型にハメてしまってるから、いつも同じようになってるし、パターン化してる所があるって。この辺で声出そうとか、この辺で「イクーッ」て言えばいいんでしょ、みたいな流れつくっちゃってるんだよ、とも言われた》

ああ、そうかもしれないな……と思った。

やっぱり、「見られてる」「撮影だ」っていう意識があって、何かしらのアクションをしていなきゃいけないという気持ちで、絡みのシーンに臨んでいた。

監督は、そんな私の「殻を破りたい」と言った。「喘ぎ声とか無理して出さなくていいから。本当に出ちゃったらそれでいいけど、無理して出さなくていいよ」

でも、意識せずに撮影に臨むのは逆に難しい。見せようとせず、考えすぎないでっていうことなのだろうが、具体的にどうすればいいの？　私は悩んだ。

連日のグラビア撮影とジム通いを続けながら、答えを探した。

考えすぎないことを考えすぎて、とうとう体調を崩してしまった。

親バレ

十作目の撮影は七月二十一、二十二日に決まっていた。

十九日になっても体調は最悪で、熱があって鼻水が止まらない。

一日で回復するとは思えなかったので、撮影を延期していただくことになった。

私の自己管理がなっていないせいで、たくさんの人たちに迷惑をかけてしまい落ち込んで、さらに体調は悪化して、激しい腹痛にまで襲われた。

そんなときに、母親から電話がかかってきた。

どうも様子がいつもと違ったので、もしかしてと思ったら……やっぱり嫌な直感は当たっていた。私がＡＶに出ているのでは、と疑っているようだった。

動揺と腹痛でとても話などできなかったので、いったん電話を切った。少し落ち着いてからＴさんに電話で相談して、家にかけ直した。

全面否定という形で——。

私は当初からプロダクションの社長であり、マネージャーのように私の面倒を見てくれるTさんを完全に信頼していた。鳥のヒナが最初に見た動くものを親と認識する「刷り込み」のようなものだったのだろう。AVの世界ではTさんが私の親だった。

だからデビュー前に、Tさんが「パブリシティ全開のほうが仕事がしやすい」というので、つまり、どんな媒体でも顔出しOKにしておいたほうが、人気も知名度も高くなりやすいというので、悩んだ末に私はそうしたのだ。

もちろん親バレは頭をよぎった。そんなことになったらという不安も大きかったが、Tさんは「絶対にバレない」と言った。「基本的に載るのはビデオ専門誌とかエッチな男性誌だから、親御さんはそんなの見ないでしょ」というのだ。

ところがデビューから四ヶ月も経たずに、両親に疑いを持たれている。

二人にはいったい何を見られたのだろう？

とりあえず電話をかけ直すと、母が出て父に替わった。

「とにかく親は心配なんだ。帰ってこい！」

無口な父が声を荒げた。

母親には〝女優〟になるためにプロダクションに入ったと言ってあった。まだテレビの再現フィルムとか雑誌のモデルとかしかしてないけど、必ず女優になるからって。

「昔から追い続けた夢じゃないんだから、諦める勇気も必要なんじゃないの」

ＡＶ出演の〝確信〟を得ているようではなかった。

私は全面否定を押し通して電話を切ったのだが、激しい鼓動が止まらなかった。

この日から大学ノートには短期間の間に、親バレに悩む私の心境を綴《つづ》った長文が多くなった。支離滅裂だったり、堂々巡りだったりすることも多いのだが、抜粋して紹介させてもらう。私の人生の中でもっとも悩んでいた時期であるのは間違いない。

《私のやってることは、たとえ夢を現実に出来たその日が来たとしても、親にしてみたら何の意味もなさないものなのかもしれない……とはじめて思った。

今まで大切に育ててもらって、家を出ることを了承してくれて、ずっと応援してくれて、何でも相談に乗ってくれて、わかってくれて、ずっと支えてくれていたママ。表情にも態度にも出さなくても、勝手を許してくれてるパパ。一日だって私のことを心配しない日はきっとなかっただろう。

一生懸命考えたつもりでも、選択したつもりでも、私の考えは浅はかで、一番大切な人たちのことを大切にしていなかったんじゃないか——。

私の選んだ道は間違って……いた……。

失ってはじめて気づいても、もう遅いってこと、わかっていながら逃げているのかもしれない。自分にとって何が一番大切なのか、大切にしなきゃいけないのか、わからないよ……。怖い。


それでも仕事をやめたくないって思ってる自分がいる。

どこまで親を傷つけたら気がつくの？

どこまで家族を傷つけたら気がつくの？

どこまでいっても諦めたくない気持ちは消えない気がする――。

意地なのか馬鹿なのか》

もう本当に胸が張り裂けそうなのに、人前に出なければならない仕事もある。

七月二十三日には、東京ビッグサイトでケーブルテレビのキャンペーンに参加した。熱は下がって体調的にはやや回復していた。私はAVチャンネルのブースで三十分のステージを担当し、じゃんけん大会や撮影会などでファンの人たちとの交流を楽しんだ。

そのときだけはトラブルを忘れて、笑顔になれた。

それから同じメーカーの専属で人気のあった美竹涼子さんと一緒にサイン会に臨んだ。
ファンに元気をもらったはずなのに、部屋に戻ると落ち込んだ。
その夜、こんなことを書いていた。

《泣きたい時は泣いたらいい。
楽しい時、笑うのと同じ。
泣きたい時は泣けばいい。
でも、勝手に涙が溢れてきちゃう時
私は何を考えて泣いてしまうのだろう》

その翌日の二十四日にはこんな記述があった。

《この前とは違い、優しい声で話すパパのメッセージ。
体に気をつけて暮らしなさいね――って。
聞き終わってから、ありがとう。ごめんなさい。って思った。
きっとこれからも、ありがとう。ごめんなさい。なんだと思う》

スカウトされた一年前が遠い昔のようだった。

わずか一年で自分の人生がこんなに変わってしまうとは思ってもいなかった。

あのときと同じように、東京の夏はじっとりとまとわりつくように暑かった。

日々の仕事をして、夜は部屋でじっとしてグルグルと考えていた。

そして七月三十日の朝——母から電話がきた。

「今日、パパと二人で部屋に行くから」

「……うん。でも昼間は」

グラビアの仕事があったので、終わってからにしてもらった。

現場でTさんに話したら、「ついにその日がきたんだね」とつぶやいた。

夜、最寄り駅まで迎えに行った。両親がその部屋に来るのははじめてだった。

二人とも電話で話したときと違って、いつもと変わらない様子だった。逆に確信をつかんでいるような気がした。

二人が見たのは男性週刊誌で、私のグラビアが載っていたわけじゃなく、ビデオの宣伝に免許証の写真ぐらいのサイズでパッケージが載っていただけだった。

どうしてこれでバレたのだろうって、ちょっと疑問なくらいなのだが、それは、知る人が見れば明らかに私だった。親が見間違うはずはない。

私はもう、隠すより話すのも、ひとつのいい機会なのかもしれないと思った。

そして私はAVに出演していることを認めた。

夜通し話をした。父にはひと晩中責められた。叱責された。

「アダルトビデオに出るなんて、どういう心境なんだ？ 恥ずかしくないのか。お前はだまされているだけだ。使い捨ての駒なんだ。気づかないのか？ 親の気持ちわかってくれるだろ。事務所に自分から辞めますって言いなさい」

AVに出たっていうことしか、父には見えていないようだった。

でも私は仕事を続けたい。今やめたら何も残らない。夢を成し遂げてからやめたい。中途半端でやめたくないと一生懸命に伝えると、母が言った。

「もう、テレビも出たしビデオも出たし、雑誌にだって出たんだから、やりたいことやったでしょ。これ以上、何をしようっていうの」

遊び半分の思い出作りをしているように思っているようだった。

このままでは家に連れて帰られてしまう。

もう頼れるのは、Tさんだけだった。藁にもすがる思いで連絡すると、

「わかった、事務所で待ってるから来なさい」

頼もしい答えが返ってきた。

「一緒に事務所に行って話を聞いて」

翌日、両親を伴って事務所を訪れた。Tさんの話を聞いてもらえれば、だまされてるんじゃないってことぐらいはわかってもらえると思った。

ところが、普段とは別人のように激高して「今すぐ連れて帰る」と言う父に、Tさんは「わかりました。安心してください。ただ、やめるのはいいんですが、もうキャンセルできない仕事が入ってるので、一ヶ月待ってください」と答えた。

両親は私を残し、しぶしぶ帰っていった。

私は説得してくれると思っていたのに……どうして？

《まさかTさんが「わかりました」って言うと思っていなかったから、拍子抜けしちゃった。あーもう自分を支えてくれる人いないんだ……って思って悲しくなりました。

やりたくてもやめて家に帰るしかないんだ。

だって、事務所がプロモーションやめますって言っちゃったんだから。

あー本当に終わりなんだ。

後で聞いたら、Tさんは私に考える時間を与えたくて、時間をもらうために一ヶ月という

話をしたらしかったけど、はじめて疑ってしまった》

そんなことがあった翌日も、私は雑誌の取材を受けていた。

このままなら、Ｔさんが両親に言ったように私はあと一ヶ月でＡＶ女優をやめなければいけない。それを拒否するなら、それは両親との決別を意味するのかもしれない。

《取材中、ビデオに出る経緯や目標、今までどうだったかなど質問されると、いろいろなことがあった分、その事が思い出されて、つらくなった。

絶対泣かないんだって思ったのに、泣きそうになっちゃって……。

でも今日の目の前にいる編集さんもライターさんもカメラマンさんも、私のそんな事情なんて知るハズもなく、これからも頑張ってくれるだろう吉沢明歩と仕事をしている。

「これからも応援してますよ、頑張ってね」っていう気持ちが伝わってくる。

私がやめる、なんてことは予想もしてないような人たち。「明歩ちゃん、夢に向かって頑張ってね」ってとってもうれしい言葉。悲しい言葉でもあるけれど。

今の私の中でやめること、やめずに進むこと、どちらにも決心つかずにいる》

困った私はSさんに相談することにした。すると、

「えっ、そんなこと言っちゃったの？　それじゃ、何も解決しないじゃないか」

そう言って、正直な気持ちを両親への手紙に書くことを勧めてくれた。

「わかりました。書いてみます」

私は無条件で信頼していたTさんの言動が悲しくて仕方なかった。

その後もTさんは、それまでと同じように私の現場にもついてきてくれていたのだが、私が思っていたような人ではない一面も見えてきた。私のことは本当に親のように面倒を見てくれていたが、事務所のほかの女のコに手を出したりしていたようなのだ。

そのうち私の現場には違う男性マネージャーがついてくれるようになった。

そのほかにもTさんには問題行動があったようで、会社にいられなくなったようだ。やがて私には何も言わずにいなくなっていた。

最初に会ったときから、Tさんがすごく私のことを一生懸命考えてくれていたことは間違いない。私のことを本気で考えて、一緒に夢に向かってくれた。

それだけは、今も信じている……。

碧い想い出

八月一日、二日――両親に手紙を書こうと思ったが、便箋は白いままだった。

八月の三日と四日は、延期していただいた十本目の作品「碧い想い出」（リリースは十二月二十六日）の撮影だった。

山梨県の河口湖近くにあるハウススタジオまで行った。湖畔でイメージカットを撮ってスタジオに移動。東京よりはだいぶ涼しくて快適だった。

今回の撮影は一ヶ月ほど前、監督にダメ出しされたように、あくまで自然で作らない絡みができるかどうかが勝負だ。今まで演じようとして、自分を作りすぎていた。

演じる意識を捨てて、自分の「素」の感じ方がテーマだった。

そうして臨んだ一回目の絡み中、監督のカットが入った。

「このままじゃ、いつもと同じだ。それじゃ何の意味もない」

時間を置いて、再撮することになった。

《私は素を魅せることさえ出来ないのか。

こんなに一生懸命やってても伝わらないのかな。

自分の知らない自分をもっと出したい。もっともっと心開放されるような私になりたい。

そう心から願った。もっと、もっと出そうよって、心の底から求めた。

求められるものに応えられない自分が嫌だから。

そのあたりは本当負けず嫌いなところが出てると思われるところだけど……。でも、心からHに対して感じたい、気持ちよくなりたいって思う自分になれた。

最後は、激しかったのと、こんなことさえ自分は出来ないのかって思う気持ちと、最近の親バレでの悩んでた事がいっきに込み上げてきちゃって、つらくなって、泣いちゃったの。

それも撮られてたけど……。

でもそんなコト言えないから、「気持ちよすぎて泣いちゃいました」って言ったんだけどね。

それから痴女って感じの絡み。私の考える絡みだから、なりきろうとするよりも楽しむことだよって言われて、思うがままにやった……素になって？

人ってエッチするときに素ってあるのかな？

だって好きな人とHしてるときも素ではないと思う。目の前の人に知らず知らずのうちに魅せようとする自分が居るのだと思う。愛されたいから。

本当に「素＝自然体」な自分っていうのは、誰もいない空間で一人になって、お風呂とかトイレとか、ほんの一瞬気を抜いたときしかないんじゃないかなと思った》

ロケバスに乗って東京に帰る道すがら、監督に「素でセックスしてる人なんて誰もいないんじゃないですか」って言ったら、「うーん」って苦笑された。

でも、私はこの作品で、心の底から相手に自分を受け入れて欲しい……って体全体から込み上げてくる〝欲望〟を感じることができた。

この作品、この撮影を乗り越えたことによって、自分の中に作っていたバリケードを少し崩すことができた。素の自分というわけではないが、男優さんに抱かれながら、ずっと被っていた仮面だけは外すことができたように思う。

AVの本質であるセックスが少し見えたような気がした。

セックスという部分で、さらなる高みに行ける可能性を感じた。

この作品がターニングポイントになって、私はAV女優として「生きる」と決めた。

《私は、親を悲しませよう、苦しませようなんてちっとも思ってないし、2人とも愛してるし、大好きだし。幸せにしたい。

その上に成り立つものが今の自分の夢なの。私の幸せは親の幸せであるし。親の幸せは私の幸せでもある。その事に変わりはないし、本当にそう願ってる。

だからこそ進むべき道はひとつなのだと思いました。それに気づいた今夜はすごくすっきりとしていて、前向きでポジティブな気持ちがしてる》

自分の部屋に戻った私は大学ノートにそう記して、久しぶりにぐっすりと眠った。


お盆休みには実家に帰ると、AVがバレる前から母と約束していた。

向こうから〝そのこと〟について何か言ってくることはなかった。

目指すものは明確になったし、これからも女優という〝夢〟を目指して、AVをやっていくんだと決めたはずなのに、やはり両親の顔を見ると心が揺らいだ。

母には何とか正直に「やりたい」「続けたい」と話すことができた。とりあえず年間契約があと二本残っているので、そこまではやらなければいけないと告げた。

父には、七月三十日にTさんが言った「キャンセルできない一ヶ月の仕事」が終わったら、つまりそれは八月いっぱいなのだが、それでやめようと思ってると言った。

まあ、吹っ切れたと思っても、人間そんなにいきなり片方にベクトルをふりきれるはずはない。ポジティブになったつもりでもネガティブな部分が残る。

部屋に戻っても、前向きになったり、暗くなったり、躁うつ病のようだった。

《ずーっと悩んでたせいか、仕事にもプライベートにも満足できずに、イマイチ気持ち入れること出来ずに過ごしてた。私の気持ちがどこにあるのか、考えれば考えるほど、続けるべきじゃないんじゃないか――ってところに考えついてしまうの。

そういうふうな気持ちになりたくないのに……。

そんなことがあるから仕事に対しても気合い入らないし、向上していけない。やってくって決めたのに、何で迷うんだろう……何で何も見えなくなってるんだろう……。

今の現状は一年前自分が望んだ状態ではない、ってことに不満を感じているからよけいにそう思えてしまうの。

もっと頑張れるハズだし、気持ちも足りなかったと思う。

だからもう一年……なのか、だからもう終わりにしようなのか。

〝気持ちがないのにやるべき仕事ではない〟

私がやってることは、お金のためじゃない。

だけど、結果論だけを言ってしまうなら、そういうことなんだよね。

前にすすめないのは、本気じゃないから？

私はやっていこう、頑張ろうとする自分が好きです。そういう前向きな気持ちがパワーになって生きてる実感持てる。今の私は再び〝死んじゃってる〟のかもしれない。

迷いは失望に変わる前に捨てたい》

大学ノートにそう書いたときは、もう八月も終わろうとしていた。そしてその日、私はようやく両親に向けて手紙を書くことができた。

伝えたい気持ちを心を込めて、便箋五枚に小さい文字でびっしりと綴った。

封筒に実家の住所と母親の名前を書いて投函した。

二日後に母から電話がきた。お互いとぎれとぎれにいろんなことを話した。泣いたり、笑ったりしながら、母が私に言いたかったのはこういうことなのだろう。

「あなたのやっていることを認めるわけにはいかない。応援することもできない。だけど、自分の娘が選んで頑張っているんだから、その生き方を信じたい」


ありがとう……。

父からは何も連絡がなかった。私の手紙を読んだのか読んでいないのかもわからない。ただ、それ以来、現在に至るまで、一度も私の仕事について触れたことがない。もしかするとずっと母が、かばってくれているのかもしれない。

ようやく自分の気持ちを吐露できたことで、私は少し楽になることができた。

九月に撮影したのは、十一本目の作品「女尻」（二〇〇四年一月リリース）だった。

アリスJAPANの専属女優は必ず出演する有名なシリーズだ。多くの先輩が出演してきたのだが、そのパッケージのポーズが同じというところにも特徴があった。

四つん這いから上半身を突っ伏し、顔を上げ、お尻を高くつき上げる。

それを正面から撮影すると、笑顔の向こうにお尻の双丘が浮かぶという絵ができあがるのだが、このポーズが思っていたよりかなりしんどかった。きつい体勢をキープしたまま自然な笑顔を作るのは、かなり至難の業《わざ》なのだ。恐るべし、女尻！

それでも何とかパッケージ撮影をクリアした私は、その夜、Tさんとメーカーのプロデューサーさんと三人で食事に行って、テンションが高かった。

《アリスJAPAN＋マックス・エー延長契約頂けて、これからもっと頑張らなければ！

の吉沢ですので、もっともっとファンの方と会う機会が欲しい☆
励みになるし、応援してくれるファンを増やしたいしね。
プロデューサーさんにサイン会もっとやりたい！　ってお願いした》
そう、もう一年、二〇〇四年三月期からの専属契約が決定したのだ。
そして、契約一年目の最後は、十月に撮影した十二本目の作品「ＴＡＢＯＯ」（二〇〇四年二月リリース）という、何とも私にとって象徴的なタイトルのものだった。
私にとって最大のタブーは、やはりＡＶに出演したこと。専門学校をやめたことも、それまでの私には考えられないことだろう。
《私はＡＶ女優です。
ちゃんと仕事に向かう姿勢を持って、目標を持って、頑張ってる。プライドも持って生きてる。他の人とどんな違いがあるというのだろう？》
スカウト、ヌード、写真集、男優さんとのセックス、親バレ……一年ちょっとの間に、いろんなことが津波のように押し寄せて、私は人生に溺《おぼ》れそうだった。

しかも、実はもうひとつ、その間に変化があった。友達の友達に気になる人が現れて、ＡＶ女優になってはじめての彼氏ができていたのだ。

ポリネシアン・セックス

その人は一コ年上で、ミュージシャンを目指している男性だった。

知り合ったのは、私が事務所に入ってからだったと思う。

最初はＡＶと関係ないところの同世代の付き合いで、ときどきボウリングに行って遊んだりという感じだったのだが、徐々に気になって、二人で話すようになった。

母子家庭でちょっと年の離れた弟さんがいた。

仲良くなってから家にも遊びに行ったりしたのだが、逆にそういう環境だから、家族仲が良くて弟を可愛がっていた。家族に対してだけじゃなくて、友達にも愛情があるというか、付き合い方がやさしくて、そういうところに惹かれたのかもしれない。

そのうちに自然と肌を合わせた。

いや、自然ではなかったかもしれない。やはりAVの仕事をしているということが気になった。言ったらどう思われるんだろうか？　と思いつつだった。

私が明かす前に、彼がカミングアウトしてきた。

「実は俺、キャバクラのスカウトやってるんだ」

経済的にも家族を支えたいということで、頑張れば普通のバイトより稼げるそういう仕事をしていたのだ。同業者というわけではないが、ホッとしたのを覚えている。

だから、女性にも偏見がなかったような気がする。

私が内心ドキドキしながら、事務所に入ってる、AVの仕事してるって言っても、

「へー、そうなんだ。すごいね」

そんな反応だった。

事務所には、「彼氏ができたら教えて」と言われていたので、正直に申告した。

するとTさんが「話があるから」と彼を喫茶店に呼び出した。私は同席するなと言われた。かなりきついことを言われたらしい。「明歩はうちの大切なタレントなんだ。何かあったら責任取れんのか」的なことだ。

私にはそんなふうに見えなかったのだが、知らない人が見るとTさんはかなりコワモテらしく、彼は「すごくビビった」と肩をすくめた。

それでも「大事にします」と言ってくれたので、私たちは事務所公認になった。

私は女優、彼はミュージシャンという目指す夢があった。今の仕事はそれを実現するための糧《かて》。そういう共通項があったのもよかったのだろう。

だから、その人とは、お互いの仕事には干渉せず、いい付き合いができた。

親バレも仕事の悩みも真剣に相談したことはなかった。私にとっては、そういうことを忘れられるのが、彼といる時間だったのかもしれない。


《12本撮影が終わって、新たに2年目を迎えての1本目の作品。

楽しく、演じることに喜び感じながら頑張りたい――そう思っていたのは昨年までの吉沢明歩で。そんなことは頭で考えなくとも当たり前、そうじゃなくさらに「どのくらい、私は役の人の気持ちになれるのか、求められる表現、より自然で、私らしさも持った演技をすることが出来るか」が課題です。

もう、演じてる自分に喜んでる私では、ない。

一作一作クリエイトしていく。いちスタッフとして私は現場に居たい。

ちゃんと意味を持ちながら》

そんな意気込みで臨んだ私にとっての十三本目の作品「ようこそMａｘ ｃａｆｅへ！」の撮影が行われたのは、二〇〇三年十一月十八日だった。

親バレも、解決したわけではないが、何とか自分の中では乗り越えることができて、専属契約も延長していただくことができて、やっと仕事に集中できる状況だった。

すると私の心にわずかな隙が生まれたのか、プライベートが気になり始めた。

彼氏との関係をもっと考えなきゃいけないんじゃないだろうか？

もっと向き合ったほうがいいんじゃないだろうか？

せっかく仕事に向きかけた気持ちがブレる。本当に人の心は移り気だ。

二〇〇三年の年末から二〇〇四年の春にかけて、仕事のために始めた大学ノートの日記には、こんな記述が多くなっていった。

《12月の撮影は、アリスＪＡＰＡＮの作品で自画撮り（セルフ・ポートレート）だったんだけど、14本目、私の中に気持ちの変化があって、満足いくものが出来なかった。

〝絡み〟……私は、プライベートと仕事のＳＥＸに自分でも知らず知らずのうちに、11月の撮影以来、仕事上のＳＥＸに気持ちを入れる事を拒否してるような気がした。

——というか、そんな自分に気づいた。すごく重大な事なんだよね。

吉沢明歩は愛のある気持ちのこもったSEXをしてる——っていうのが私なのに、こんなんじゃ伝えられるハズがない。

SEXしてても気持ちよくないし、愛なんてないし、感じてない。

逆に、無理してる自分がいる。こんなの演ってる意味ない。どうして、って悲しくなった。気持ち入れることの出来ない吉沢は、明歩じゃないもん。

私は、どうしちゃったんだろう》

《SEXは愛してる人とするべきだよね。やっぱ。今日は悲しくなっちゃった。

気持ちのないエッチなんて私には無理なの。だってそれは一年前からずっとそうだったから。だから、相手を一生懸命好きになるし、好きになって欲しい、って気持ちがある。だけど、その一瞬でも、男優を愛してる私は……。

つくりものの愛ではあるけれど、うらぎってるような気持ちにおそわれる》

《お仕事が忙しくて、その忙しさで気持ちがいっぱいになって、仕事のことしか頭にないか、といえばそうじゃなくて。逆に、忙しければその分つながっているのだと実感したくなる。電話もなければメールもないなんて、私が死んじゃってもきっと気づかないんじゃないのかなって疑いたくなる。

「仕事かな？　と思って」なんて一番言われたくない言葉。ただの言い逃れみたいにしか聞こえないんだから。一緒にいる時は満たされてすごく近い存在に思えるのに、今日のような日はとても遠くに感じてしまう。っていうか、どうしてなのかな——。

別に付き合ってなくても、友達でもいいいんじゃない？》

二〇〇四年——前年の夏に撮影した「碧い想い出」の絡みで〝欲望〟に開眼した私は、男優さんとのセックスで、かなり感じるようになっていた。

もちろんAVで演技するのは当たり前だ。最初はそうやって男優さんを愛している自分を演じる。そして好きになって体を許す。自分も求める。

そうすれば、かなりセックスに没頭できるようになっていた。

〝最強のローター〟を使って責められると、鎖が外れたみたいな感覚になった。

理性が飛んで演技を忘れることができた。百パーセントではないのだが、そうなったらこういう感じになってイケるんだ、というのがわかってきた。

ところが、彼とのエッチではそれが逆だった。

デートするのも楽しいし、一緒に過ごせるときはイチャイチャして、スキンシップの延長でセックスをした。そこまでは本当に愛情があって、演技はなかった。

ただ仕事とは逆に、私は前戯で愛撫されているときから演技してしまっていた。男優さんと比べたりなんかしていないのだが、彼によろこんでほしいから、感じてる演技をしてしまう。仕事のときよりもセックスで演技してる私……。

仕事でも演技してるのに、プライベートでも演技してたら、何が本当なのかわからなくなってしまう。それがつらくて、男優さんとのセックスに打ち込めなくなった。

彼に、本当に感じてる私を知ってほしい。私が本当にイクところを見てほしい。そういう気持ちがどんどん大きくなって、どうしていいかわからなかった。

そんなとき私は、コンビニでパラパラとページを捲っていた『an・an』のセックス特集で、「ポリネシアン・セックス」という聞きなれない言葉を目にした。

ハワイ、サモア、ニュージーランドなどを含むポリネシア地方で、古くから伝承されてきた性行為の方法で、挿入を主眼とはしないセックスだという。

私が興味をひかれたのは、そこに書かれていた「気を感じ合う」「エネルギーの交換」といった精神的なセックスの捉《とら》え方だった。そして、そこで説明されていた具体的な性行為も、いやらしい愛撫、オーラル、大胆な体位、激しいピストン運動といったAVには欠くことのできないセックスの要素とは、対極に位置するものだった。

記事で紹介されていた方法は、本来のポリネシアン・セックスの要点を現代的に簡略化し、さらに忙しい日本人でも実践できるようにアレンジしたようで、やろうと思えば誰にでもできる簡単でわかりやすいものだった。

ポイントは四つだ。

◎お互いに全裸になって横たわり、向き合う。
◎三十分間、相手に触れてはいけない。黙ったまま見つめ合う。
◎三十分経ったらゆっくりと愛撫を始める。
◎挿入しても抱き合ったままピストン運動はしない。

私はやってみたかったが、彼に何と言えばいいか悩んだ。

桜の蕾が膨らみかけてきた頃だった。

私の仕事が休みだった日。彼が昼間から部屋に遊びにきていた。

変な理由をつけても逆におかしいと思って、「本当は今までイッたことがないの。あなたとエッチして演技してる自分が嫌だから、これやってみたいんだよね。今までごめんなさい」。

そう告白すると、彼はかなりショックを受けているようだった。

しかし、気を取り直して、ポリネシアン・セックスへのチャレンジに同意してくれた。

四つの順序をしっかりと確認してから服を脱いでいった。自ら全裸になるのはかなり恥ずかしかった。陽当たりのいい部屋だからなおさらだ。照れ笑いが止まらなかった。

自然光の中で全裸になった私たちは、ベッドに横臥《おうが》して向き合った。

時計は私からしか見えない位置にあった。

本当は黙っているルールなのだが、ちょっと話しかけてしまった。

「どんな感じ？」

「なんか不思議だ。こんなに近くにいるのに……」

手を伸ばせば届く距離どころではない。黙っていても体温が伝わってくる距離だ。

普通ならこのまま抱き合ってキスをして……でも、我慢しなきゃいけない。見つめ合ってただじっとしている。これが恐ろしいほど長い。究極に焦らされてる感じ。

十分もしないうちに照れ笑いは消えて、真顔で見つめ合っていた。彼が言った。

「キスしたい。していい？」

私もしたかったけど、目を見て諭《さと》すように言った。

「ダメ。約束したでしょ、三十分我慢して」

目の前に大好きな人がいるというのに、触れてはいけないというジレンマ。

「だけど、あぁ、気が変になりそうだ」

「……私も」

十五分もすると、私の中にAVで覚えた〝欲望〟が湧き上がってきた。しかもAVのときより圧倒的に強い、レベルが違うと言ってもいいほどの疼《うず》き。

二十分を過ぎると、下半身が熱くなってきた。この人とセックスしたい。抱かれたい。抱き締めたい。もう欲望が止まらなくて、どんどん濡れていくのがわかった。

彼の股間に目をやると、彼も同じ気持ちだったようで、下腹部に貼りつくほど勃起していた。亀頭の先からカウパー腺液があふれてヌルヌルになっていた。

それを「入れたい」と強く思った。そう思っただけでイッてしまいそうだった。

それから三十分までずっとイキそうだった。何かもう彼と心が交わっていた。彼の目も潤んで吸い込まれそうだった。間違いなく生まれてはじめての感覚。

「……三十分、経ったよ」

その三十分は、二時間にも三時間にも感じられた。

ずっと同じ体勢だったからか、しばらく動けなかった。

わずかに彼の指が私の指に触れただけで、ビクンと全身が弾んだ。

イッたような気がした。いや、イッたのだと思う。それからゆっくり愛撫を始めるという手順だったが、抱き合ってキスしているだけで、私はずっとエクスタシーの中にいた。

彼もそのままで、「イキそうだ」と切なげにつぶやいた。

そして、ようやくコンドームを着けて、正常位で彼を迎え入れた。奥まで挿入して、お互い動かずに、またじっと見つめ合った。私の中に彼がいた。

私の体中が彼のペニスで満たされているようだった。心まで満たされていた。

「もう……出るよ」

「……うん、私もイク」

それは、ＡＶで知った鎖が外れて理性が飛ぶような快感とは違う、まさに「気を感じ合う」ようなオーガズムだった。人間のセックスってすごいと思った。

裸になって向き合い、お互いを意識しながら何もしない。そこが最大のポイントだ。最初は恥ずかしいと思うが、やろうと思えば難しいことではない。

好きな彼と付き合っているんだけど、イッたことがない女性にはぜひ体験してほしい。マンネリを感じているカップルや、倦怠期を克服して性生活を充実させたいと思っているご夫婦などにもオススメだ。

ただ、この日本版ポリネシアン・セックスは、私の体験からいうと、二回、三回と続けても、はじめてのとき以上の快感は得られないようだ。初回の快感は感動的ですらあるので、それを超えられないのは仕方のないことなのかもしれない。

大切なのは、それを経験したということだ。それによって二人の気持ちが変わる。お互いの欲望を理解し合える。性のエネルギーを交換し合える。

つまり、AVの映像としては絶対に成立しない三十分間見つめ合うだけのポリネシアン・セックスを経験すると、パートナーとの心の距離が近くなり、それからは特別なことをしなくても、充実したセックスができるようになるのだと思う。

少なくとも私はそうだった。

ピンク映画

ポリネシアン・セックスのおかげで、彼との性生活も改善された二〇〇四年の春。

AVはやはり月に一本のペースで撮影。グラビアやインタビュー、たまにイベントの仕事をしながら、Vシネマやピンク映画にも出演させていただけるようになった。

《2日間の撮影だが、３日で撮るような内容を2日撮りしているので、朝までかかって撮影した。……のでグッタリ》

Ｖシネやピンク映画は、低予算、最小限のスタッフで作られていた。

当然、ハードスケジュールになるのだが、お芝居をする部分が多いのでやりがいがあった。特にピンク映画はまだフィルムで撮影していたので、すごく印象に残っている。

「よーい、スタート！」

監督の声がかかると、カタカタカタカタカタという独特のフィルムが回る音が響く。

一本のフィルムがすごく高価らしいので、ＮＧを出せない緊張感がすごかった。カットがかかるまではとにかく芝居を続けてと言われた。多少セリフを間違ったりしても、声はアフレコだから顔に出さなければ大丈夫なのだ。

やはりＡＶの現場とは雰囲気が違った。

Ｖシネでお世話になった助監督さんが、ピンク映画で監督デビューするというときに、私を主演に抜擢してくれるという、うれしいこともあった。

ＡＶ女優だからしょうがないか、みたいにだけは思われたくないので、吐きそうなぐらい気合いを入れて撮影に臨んだのを覚えている。

《プレッシャーを感じながら演じていた。しかも、周りの役者さんは経験のある人ばかりだったし、迷惑かけたらどうしよう……と気になったりもした。

すごく勉強になったな、と思ったのは、共演者のみなさんの姿勢。

脚本に対して役柄のイメージのふくらませ方とか、人格とか、感情とか、その役のイメージを固定しちゃわないで、自分なりの考えを常に追求していってるって感じ。

すごいなーって思ったし、負けたくないとも思った。

全力をもってしてその一シーンに懸ける情熱というか、気持ちはプロだなって感じる素晴らしいものがあった。やっぱ役者として食べていくっていう世界は、そのシーンや一作において自分が勝負に出なきゃいけない所で負けるもんか、って迫力を出さないとやっていけるところじゃないんだと思う》

撮影後、共演したベテランの俳優さんに言っていただいた。

「ちょっと申し訳ないけど、ＡＶの女優さんだから舐めてかかってたというか、期待してない部分があったけど、俺が気づかないところまで内容を考えていて、作品に向かう姿勢は負けてるなと思ったよ。これからも頑張ってね」

そんなふうに評価していただいて、その後のモチベーションになった。

その一方で、AVに関しては、デビューして一年が経ったのに、自分が思っていたほどの活躍ができなくて、ちょっと行き詰まりを感じていた。

その判断材料となるのは、作品の売り上げや人気ランキングだった。

おかげさまでビデオ専門誌には毎月登場させていただいていたし、グラビアの特写も多かった。各誌、巻末で読者の人気ランキングを掲載していた。

だいたいベストテン形式だった。

私はどの雑誌でも、三位とか四位ぐらいで、よくても二位といった結果だった。これが自分の中で眠れないほどシビアにつきまとっていた。

投票してくれたファンのみなさんには感謝しなければいけないのだが、どうしても一位になりたかった。当時の一位は、けっこうな確率で蒼井そらちゃんだった。

そらちゃんは、二〇〇四年まで私と同じメーカーの専属女優だったので、私とはどのぐらいの差があるのかも何となく知ることができた。

《現状、Tさんがメーカーさんに数字的なことを聞いたら、明歩はそらちゃんの6割位だって（売り上げが）。悪くはないけどトップにはあと一歩及ばず。何故？

「もう一歩壁を超えてほしい」とのプロデューサーさんからの話だったみたい。

私は、何を目標にやってきたかといったら、No.1になって女優としての道へ進むんだ！っていうのがあったからであって、やってる以上、人気は一番欲しい。

一年12本の契約とれただけでもすごく注目されるのに、さらに同じメーカーでプラス一年、計24本ってすごいことだよね――なんて人ごとみたいに感じてしまうのだけれども。

私はこの半年が勝負だなと思った》

勝負とはいっても、じゃあ具体的に何をやるかといったら難しいものだった。

日々の仕事は決まっていて、それだけでもなかなかタイトなスケジュールなのだ。ルーティーンのように与えられた仕事をこなすだけで時間が過ぎていった。

そして、また夏がやってきた。

夏の新宿でスカウトされてから、丸二年が経ってしまった。

あのとき思い描いたステージは、まだまだはるか遠くにあって、AVの仕事をやっている意味がわからなくなってしまいそうだった。はがゆくて……。

取材でも撮影でも、現場では明るく振る舞っていても、そんな私の迷いや悩みは、私のことを考えてくれている人たちには伝わっていたようだ。

「これ見てごらんよ。インタビューのとこ」

あるとき、プロデューサーさんにそう言われた。

手渡されたのは、契約二年目の最初の作品「ようこそMax cafeへ！」だった。くしくもデビュー作と同じ村山監督に撮っていただいたものだ。監督はインタビューに重きを置いていて、その作品には必ず入っているといってもいい。

そこに映っている私は、ものすごい前向きに自分の夢を叶えるために頑張ると話していた。撮影したのはほんの十ヶ月前なのに、今の私とは別人のようだ。

ファンの方に対しての感謝の気持ちを素直に吐露していた。

「はい！　もっと、ファンの方に喜んでもらえるような作品作りをしたいです」

カメラに向かってしゃべってる表情が輝いて見えた。

何に悩んでる？　どうして立ち止まってるの、今の自分！

≪'04年8月10日。

私はいつから階段をかけ違ったのだろう。

あの頃のあの気持ちをいつから忘れてしまったのだろう。

ひとつの迷いも、後ろを振り返ることもなく、真っ直ぐに前だけを見て、そこに光を見ていたあの頃。その光をいつから別なものに変えてしまったのだろう。

なぜ気づかなかったのか？　気づけなかったのか？

悲しくて、ただ今は涙がこぼれてくるだけ——。

今の自分は私じゃない。吉沢明歩はいつからか、自分を見失っていた。それに気づかずに意地張って無理やり吉沢明歩を昔と変わらないものにしようと、ただただ外側だけにとらわれて、中身をいつしか見なくなっていたのかもしれない。

「ようこそＭａｘ ｃａｆｅへ！」は一年の集大成だと自負してきた。

その作品に救われるなんて、気づかされるなんて……監督はまるで吉沢明歩をすべてわかっているかのようだ。撮影から十ヶ月が経って、やっとこの作品を見ることができて、私は救われた。「自分が大好きだ」って胸を張って言えたあの頃の私。

いつしか大切なものを失っていた自分に気づいたとき、画面の吉沢明歩の真っ直ぐな笑顔を見て涙があふれてきた。この世界に入ったことを「とてもよかった。それは間違いなく言える。この充実感はやってなかったら得られていない」そう断言してる私。

偶然か否か、デビュー作の監督に一年後作品を作ってもらい、それを見て、そして今こうして初心に返ることを教えてもらった気がする。

見失っていた「自分」を取り戻せるのは、きっと今なんだ》

大学ノートに記してきた私の仕事日記は、そこで終わっていた。

新宿でスカウトされてからの二年。多くの障害物を乗り越え、高い波を何とか乗りこなし、やっと迷うことなく進むことができる。そう思ったのかもしれない。

今の自分にできることは、余計なことを考えずにAVの仕事を頑張ることなんだ。

そうすると不思議なもので、やればやるだけ結果がついてくるというか、次の仕事につながったり、新しい仕事がでてきたりと、うまくサイクルが回り始めた。

Vシネやピンク映画でお芝居に取り組んでいることが、AVでもストーリー性の強いドラマ作品「R嬢の物語」（二〇〇四年十二月リリース）につながり高い評価を得た。

二〇〇五年には、ドラマ「嬢王」（テレビ東京）にも出演させていただいた。二〇〇九年の第二シリーズ「嬢王Virgin」にも出演させてもらっている。

マンガ雑誌『ビジネスジャンプ』に連載されていたキャバクラを舞台にした物語が原作で、私はキャバクラ嬢の望月メグという役だった。深夜の放送だったが視聴率はよかったらしく、街中で声をかけられることも多くなった。

「嬢王」前後から小さい役ながら、一般映画に出演させていただくことも増えた。

そうして仕事の幅が広がれば、それに伴って自分の世界も広がっていく。いろいろな人に出会い刺激を受ける。考え方、物事の捉え方、金銭感覚まで含めて自分の思考が深くなる。尊敬できるプロフェッショナルなクリエイターとも出会ったりするうちに……彼氏との仕事に対する温度差が生まれていった。

申し訳ないけれども、彼はミュージシャンを目指していると言っていたのだが、その生き方が止まっているように見えた。才能はあったのかもしれない。どこかのバンドに楽曲を売るゴーストライターのようなことをやっていた。

最初は私も「すごいね」なんて言っていたが、結局、自分の音楽になるわけではないし、自分がライブをするわけでもないし、もっと前に出ればいいのにと思った。

せっかくポリネシアン・セックスでひとつになれたのに、それ以外の部分で違うなと感じるようになっていった。価値観のベクトルがずれていった。

それが彼にも伝わったのか、急に「カナダに音楽留学する」と言い出した。

「いいんじゃない。私は日本から応援してるね」

そうして約二年の付き合いに終止符を打った。

本当にカナダに行ったのかどうかは知らない。

引っ越し

彼氏と別れたことで気分を一新しようと思ったわけでもないのだが、たまたま住んでいた四階建ての住まいの近所に、新築のマンションが建設されていて、入居者を募集していたので見学しに行ってみた。

内見した部屋が一階で、窓が広くて外に広めの庭がついていた。

その庭を仕切っているのが植え込みの緑で、見ているだけで癒された。

専用の庭なので自由に植物を育てていいという。四季の景色を変えられるというのが魅力的だった。マンション全体は高い塀で囲まれていたので、一階でも安全面も問題なさそうだったのでそこに決めた。

間取りは１ＬＤＫ。家賃は十六万円ぐらいだった。

結局、その部屋には二〇〇五年から四年ぐらい住んでいた。

住んでいる前半は、メーカーさんに契約を延長していただき、レンタル系ＡＶのリリースは二〇〇七年の初頭まで続いた。

ただ、それ以降は「エスワン」「マキシング」というセルビデオのメーカーさんに移籍することが決まり、二〇〇六年から撮影が始まっていたのだが。

レンタルの最終年ともいえる二〇〇六年には印象深い作品が二つある。

ひとつ目は「めぞん明歩」という作品。これはAV初の試みだったらしいのだが、四月から三ヶ月続けて、連続ドラマのようにリリースしていったのだ。

お察しのように「めぞん一刻」のパロディ作品なので、私が管理人さんだ。

埼玉県のアパートを一棟借り切って撮影したのだが、撮ったのは十二月、一月、二月の一番寒い時期だった。木造のけっこう年季の入った建物だったので、すきま風がヒューヒュー吹いて、石油ストーブを焚いてもガタガタ震えるぐらい寒かった。

でも、本当に連ドラの主演をしているようで、すごく楽しかったのを覚えている。

もうひとつは、とてもAVとは思えない超大作！

こっちは二連作で、七月リリースの「大奥　淫の乱　花びら燃ゆ」と、八月リリースの「大奥　蕾の乱　明日への契り」という作品だった。

当時、「マックス・エー」でトップを競っていた、みひろちゃんと私のW主演という形で、ほかにも有名どころのAV女優が六、七人出演するというあり得ないスケールだ。

すごく立派な時代劇のセットで、着付けの専門家も、日本髪をセットしてくれる床山さんも三、四人はいたと思う。カメラもクレーンとか、レールが敷いてあって移動したり。スタッフもAVの現場の何十倍もいたのではないだろうか。

メーカーの何周年かの記念だったのかもしれないが、頑張っていた私とみひろちゃんのために、ちょっと真似のできないような代表作を作ってあげようと、社長が採算度外視で出資を決めてくれたという話を聞いたことがある。本当に忘れられない経験になった。

みひろちゃんとは、その前からグラビアの撮影とかイベントの現場で一緒になることが多かった。二〇〇四年からは、北海道の番組収録がスタートした。だが、あくまで仕事仲間という関係性だった。

もちろんAV作品で一緒に仕事をするのははじめてだった。

すごく負けられないという気持ちが強かった。

同じメーカーで人気を競っていたこともあり、彼女のことは一番のライバルという意識で見ていたのだ。みひろちゃんも同じ気持ちだったと思う。

バチバチとまではいかないが、意識しすぎるぐらい意識していたのは間違いない。

そして、私は彼女に好かれていないだろうなと思っていた。

その後、みひろちゃんとは、二〇〇八年から始まったバラエティ番組「おねがい！マスカット」（テレビ東京）で結成された「恵比寿マスカッツ」のメンバーとして、一緒に番組に出演することになった。

みひろちゃんは二〇一〇年にAVを引退したのだが、その年の誕生日に私にプレゼントをくれて、その中に手紙が入っていた。

「ナンバーワンの女優さんとして、これからも頑張ってね」

それを読んだときに、なんだか、私、「みっひーが認めてくれた」って一気にライバル心が氷解して、距離が近くなるのを感じたのだ。

その後、二〇一三年から始まった「武井壮とマンゾクディーバの新 よるたま」（テレビ北海道）でも共演し、二〇一八年に開催した私のデビュー十五周年記念イベントには、みっひーがゲストとして駆けつけてくれた。

そのときに彼女が私との思い出に残っているエピソードを語ってくれたのだが、「大奥」の撮影の待ち時間に、私から「よかったらお話ししない？」とみっひーの控室を訪ねたらしいのだ。

それまで、私が考えていた通り、彼女も私のことをちょっととっつきにくい存在と思っていたらしいのだが、「きてくれてうれしかった」と笑った。

今では何でも話せる友達。かけがえのない人だと思っている。

第４章
セルビデオで開花

マネージャー

私は二〇〇六年十月、立ち上げたばかりのAVメーカー「マキシング」さんから、「セル初Love Acky!」でセルビデオデビューを果たした。

当時から非常に勢いのあったセルビデオメーカー「エスワン」さんから、「解禁×ハイパー×ギリギリモザイク」をリリースさせていただいたのは二〇〇七年一月だ。

以後、私はこの二社さんを中心に引退まで活動させていただくことになる。

セル移籍が決まった頃には、仕事するうえでの私の環境にも大きな変化があった。

女性マネージャーのNちゃんが、私についてくれるようになったのだ。

彼女はAVを引退した現在も、私の面倒を見てくれている。

Nちゃんの存在はすごく大きいものだ。同性同士ということで説明しなくてもわかってくれることが多いし、気持ちを理解してくれるし、決してベタベタした関係ではないんだけど、もう身内っていう感じの距離感なのだ。

性格は真逆だが、プライベートより仕事を優先させるところとか、共通点も多い。

彼女がいなかったら、絶対にこんなに長くAVを続けられなかったと思う。

これは私の偏見なのかもしれないけど、女同士って、ほかのコに言わないでほしいんだけど打ち明けた話が、あっという間に広がってしまうことが多い。

その点、Nちゃんにはどんなことを話しても、ほかの人にはペラペラしゃべらないし、相談すると客観的な意見を聞かせてくれる。本当に信頼できる人なのだ。

これからもパートナーとして、いろんなことにチャレンジしていきたいと思っている。

ハメシロ

セルビデオの撮影は衝撃的だった。

特にエスワンさんの「ハイパー×ギリギリモザイク」は、当時大人気のシリーズだったし、私にとっては移籍第一作だし、監督がいろんな賞も獲得していた売れっ子の秋秀人さんということで、気合いを入れて臨んだのだが、その上を超えてきた。

群雄割拠のＡＶ業界でメーカーが生き残るためには、ましてや覇権を握るためには、普通のことをやっていたのではダメなのだろう。

エスワンはこういうメーカーとしてやっていきたいんです！　という明確な方向性があった。絶対にヒットさせるんだという意気込みがヒシヒシと伝わってきた。

そのために、ただ漠然とエッチなものを撮ればいいよというスタンスじゃなくて、絡みの絵作りにしても具体的でわかりやすいルールがあった。

象徴的なのが、セックスシーンのときに、映っている画面の中に女優の顔とハメシロ（結合部分）を同時に入れなければいけないというルールだった。

タイトル名に「ギリギリモザイク」と入っているように、可能な限り修整のモザイクを薄くして、ギリギリのところまで見せるというのがアピールポイントなので、それをいかにしてユーザーに伝えるか――。

そのためにはハメシロだけを映していても味気ない。

女優の感じてる顔を同時に映すことで、より煽情的な画《え》になる。

だから、女優の顔とハメシロが同時に画面に収まるアングルを、監督とカメラマンさんが必死に探すのだ。そして、その角度から撮影しながら、挿入が可能か、出し入れが可能かをしっかりと事前に打ち合わせする。

それまでのレンタル作品では〝流れ〟を重視してやってきたセックスシーンだったが、スタッフの間で入念なリハーサルが繰り返された。

だから男優さんと私は、ものすごく計算された体位で挿入しなければいけないという、およそ普段のセックスでは意識するはずもないことをしなければいけなかった。

さらに私は自分の表情がちゃんと映るように、あり得ない角度から狙ってるカメラに、喘ぎ顔を向けなければいけなかった。

ばっちりレンズが見えるので、私としてはめちゃくちゃ恥ずかしいのだが、同時に、これは作品作りを「してる！」という演者意識を感じさせてくれた。

しかも一作目の監督、秋さんは自分の作るシーンへのこだわりが強くて、絡みが始まって、普通にキスして、服も脱ぎ掛けなのに、自分が思い描いていた画と違うと感じると、「うーん、ちょっと、最初からもう一回やろうか」と平気で言った。

それこそ普通のセックスではあり得ないことだろう。

男と女が盛り上がって、ハァハァ息を荒くしながら服を脱がせ合って、あられもない格好になったのに、「やっぱりスカートを先に奪い取ったほうが興奮する」と思い直し、もう一度きっちり身なりを整えてから、セックスし始めるなんて。

今までそういう監督はいなかった。

レンタルのときも撮り直しを命じられたことがあったが、それは私に芝居じゃない素のセックスをしてほしいという、きわめて感覚的、感情的な注文だった。普通は絡みが始まったら、ほとんどの監督は流れを重視して多少思惑と違っても撮り続ける。

私もそのほうが、いいセックスシーンが撮れると思っていたのだが……。ところが秋さんは、女優の精神状態やモチベーションなど画面に映るはずがないというように、自分の考える映像、つまりそれはユーザーを興奮させる画じゃないと判断したら、セックスの途中だろうがどんどんカットをかける。

目から鱗《うろこ》が落ちるというのは、ああいう感覚を言うのだろうか。頭では理解しているつもりだった〝AVのセックス〟のあり方というものが、ストンと体の中に入ってきた。

それまでは男優さんとのセックスでも、気持ちとか、感情とか、愛情とか、そういうものを表現しなければいけないと、どこかで思っていた。

そんなことは無理だとわかっていながら、そこに意味を求めようとしていた。

セル移籍と同時に、無意味な感情を打ち砕かれたような気分だった。

感情？　愛情？　そんなものでAV見てる男が興奮するか？

プロだろ。大切なのは何？

お金出してくれたユーザーに満足してもらうことだろ。

そう言われているような気がした。

気持ちの表現になんて悩むくらいなら、どれぐらいヤラシイ表情ができるかとか、腰を振れるかとか、具体的に淫らな表現を考え出したほうがユーザーのためなのだ。

絡みの流れは編集でどうとでもなる。キスも愛撫もシックスナインも、全部計算して組み立てて、緻密にエロを作り出していく職人的な作業に魅力すら感じた。

これはまさに立派なクリエイターの仕事だと思った。

その一員として私は〝見せるセックス〟をすればいいんだ。

自分の気持ちが吹っ切れた！　AV女優として突き抜けることができた。

そして私は、刺激的なセックスを〝作り出す〟セルビデオの現場を経験していくごとに、元々の私と「AV女優・吉沢明歩」が乖離《かいり》していくのを感じた。

決してそれは悪いことではなく、役者というのはそういうものだろう。

どんどん私のAVにおけるセックスは、肉弾戦といったらオーバーかもしれないが、プロの格闘技のように、ガチンコの中にも〝見せる要素〟が増えていった。

フェラチオや手コキのテクニックでも、大胆な体位での腰使いでも、言葉責めでも、普通の女性にはできないセックスを見せるのがプロのAV女優なのだと。

すると、プライベートに戻ったときに、元々の自分への切り替えがスムーズにいくようになった。彼氏とのセックスにおいても——。

二番目の彼氏

はじめて結婚したいと思った人だった。

AVの仕事を始めてから二人目の彼氏ができたのは、新築のマンションに引っ越してしばらくした頃だった。セルに移籍するときはすでに付き合っていたと思う。

舞台を中心にお芝居をやっている人だった。それだけでは生活できないので、深夜の時給のいい時間帯に飲食店などでアルバイトをしていた。

最初のきっかけは、私もVシネなんかのお仕事をしてたので、それで誘われたお芝居関係の飲み会みたいなものだったと思う。

なんか、そういうのがときどきあって、私はけっこう最初からいいなと思っていて、そうしたら彼が「今度、二人で会いませんか」って誘ってくれて、もちろん「ハイ」と。

六歳年上だった。彼も最初から私を恋愛対象として見てくれていたみたいで、それから付き合うまではけっこうはやかったような気がする。

私がAVをやってるのも知ってたから、最初から気負わなくてよかった。

でも、私がいつもバタバタと忙しくて、彼の深夜のバイトが続くと会えないことが多くなって、それが不安ですごく嫌だった。

「一緒に住んじゃおっか」

そう言ってはみたものの、私は引っ越してあまり間がなかったし、また物件を探すのは手間と時間がかかるし、何より庭のある部屋が気に入っていた。

「うちに住めばいいんじゃない」

そういうことになった。

そういう話をすると、よく知らない人は「彼が転がり込んだ」とか「ヒモじゃん」と言うけれど、決してそうじゃない。だいたい私から言い出したことだし。

それに基本的には家賃も半分、出せるときは出してくれていた。

舞台の仕事が入ると、稽古と本番で丸々一ヶ月ぐらいバイトができなくなってしまう。ギャラなんてたかが知れてるので、そういうときは仕方ない。

私が出すんだけど、ちゃんとそのあとバイトをたくさんして補填してくれた。

でも私はお金を返してもらうより、彼が出ている舞台を見るだけで充分幸せな気持ちになっていた。出演時間は短くても、スポットライトを浴びている姿にほれぼれした。

仕事的に私も刺激を受けたし、応援したいと思った。

やはり夢を持って、それに向かっている人は素敵だ。

特に役者さんなんかは、遅咲きの人も多いわけで、四十歳ぐらいまで食うや食わずで頑張って、そこから売れるかもしれない。ブレイクしてもおかしくない。

彼も毎日のようにバイトをしているときだって、昼間、映画のオーディションなんかにしょっちゅう行ってたし、それで映画に出たりもしていた。

そういうところが魅力的で、本当に応援していた。

セックスも合っていたと思う。とにかくすごく好きだったので、抱かれるだけでうれしかった。毎日したいくらいだったけど、私が昼間仕事で、彼が夜からバイトでという日が続くと、なかなかエッチできなくて、それがまたよかったのかもしれない。

プライベートに彼がいたから、私は仕事に前向きになれた。彼との心が通うセックスをしていたからこそ、セルビデオの〝突き抜けたプレイ〟なんかも、逆にノリノリで演じることができたのかもしれない。

たまに現場で嫌なことがあっても、彼に抱かれれば癒された。

私がAVの仕事をしていることも、どんなにスケジュールが詰まってても、それに否定的なことは一切言わなかったけど、実は気にしていたのかもしれない。

一度だけ彼が怒ったことがある。付き合って一年目のクリスマス前だった。

急にグラビアの仕事がなくなって、その何日か前に休みができたって彼にも言った。すると彼が、「無理かもしれないけど、バイト休めるかどうか聞いてみるよ」って。

私はその「無理」っていうのが頭に残って、一緒に過ごせるなんて期待していなかったので、しばらく行ってなかったエステに予約を入れてしまった。

当日になって私が出かける準備をしていると、

「どこに行くの？」と彼。

「エステ」

すると彼の表情が曇った。

その前の日ぐらいに、彼がクリスマスローズを買ってきたのだが、そういう時季だからだと思ってあまり気にしていなかった。それがテーブルの上で咲いていた。

いきなり彼がその鉢をつかんで、窓を開け、庭に投げつけた。

「キャッ……ど、どうしたの？」

実はバイトを休むことができたので、一緒に過ごすために花を買ってきたのだ。

「だったら、休みになったとか言わなきゃいいだろ」

後にも先にも彼がそんなに怒りを露わにしたのは、そのときだけだった。

そんなに私のことを考えてくれてるんだと思って、すごくうれしかった。たまの休みができたのに、自分のことを優先したことをすごく反省した。

それから私たちはさらに仲良くなった。お互いが必要になった。

なんか私もお世話してあげたいとか思って、お弁当を作ってあげたりもした。そんなことも楽しかった。それだけでプロフィールに「料理が趣味」って載せちゃったり。

今考えると、すごくイイ人だったと思う。結婚してもよかっただろうなって。

でも、結婚となると、私がAVの仕事を続けていけるのかという問題も出てくるし、生活していくためにある程度の収入は必要だ。

彼は仕事の割合として、役者三バイト七ぐらいだったのだが、私と一緒に住むようになって二年、三年と経っても、役者の割合が増えるわけではなかった。

逆に私は二〇〇八年から「おねがい！マスカット」が始まって、さらに忙しくなった。

それでも私は彼がいることで仕事に向かうモチベーションになったし、一緒に住んでいることで安心できた。心の安定を保てた。

だけど、彼は役者の仕事が増えることもなく、精神的にも不安定というか、それをヒモ化とは言いたくないんだけど、いろんな部分で私に甘えてくるようになった。

そうしたら、急に「三年待ってほしい」と言い出した。

「あと三年、俺を支えてほしい」って。

それで芽が出なかったら、役者はあきらめるって。

そう言われて、私は（ん、支える？　私が？）って思った。そういう付き合いじゃないと思っていたので、支えるという言い方に抵抗があった。拒否感というか。

それでもしばらくは一緒に住んでいたのだが、付き合って四年目、決定的なことが起こった。私のお金が消えたのだ。

何かあったときのためにと思って、私は現金五、六万円を封筒に入れて、いつも食器棚の引き出しに入れていた。ふとそれを見ると空になっていた。

別に彼には隠す必要もないので、知っていたはずだった。

出かけていた彼に電話して、「引き出しのお金がないんだけど」と言うと、ちょっと慌てた様子で「あ、ごめん、すぐに返すつもりでちょっと借りたんだ。友達の結婚式があるんで、そのご祝儀がなくて」と言葉が返ってきた。

たぶんそれは本当のことなんだと思う。

だけど、メールの一本もなく、こっそり持っていったのがショックだった。

私の気持ちは驚くほど急激に冷めていった。

「もう一緒にはいられないよ」

彼は必死で取り繕おうとしたけど、もう前の感情には戻れなかった。

「……無理だよ」

彼は本当にイイ人なので、それ以上はしつこくせず、修羅場になることもなかった。

四年近く一緒に住んでいたのに、彼はそっと静かに出ていった。

オールスター

セルに移籍して一年目から、とんでもない作品に出演させていただいた。

「大奥」もすごかったのだが、どちらかというとAVとは違った作品の規模とか、撮影のスタイルなどの制作方法が驚くべきものだった。

一方で、その作品はザ・AVというような作品なのだが、出ている女優さんの数とレベルがスーパーなのだ。

総勢十二名の出演女優が、吉原の超高級風俗を舞台に〝艶技〟を競うという作品。

まさに当時のエスワンで活躍していたオールスター総出演！

単体AV女優は基本的に一現場女優ひとりということが多い。

これだけ単体女優さんが揃って、ひとつの作品を撮影するなんて、もちろん私は初体験だったし、内心「やりづらいな」って思っていた。

だけど、ほかの女優さんが現場でどんな言動をしているのかっていうのを知ることができて、私はその後の撮影でどう立ち振る舞ったほうがいいのかとても勉強になった。

こういうことをしてはいけないという、反面教師的な意味でも。

単体女優というのは、どうしても現場ではお姫様扱いされるので、どうしても自己主張が強くなるというか。まあ、悪く言えばワガママになるようだ。

嫌なことは「イヤ！」ってはっきり言うし、待ち時間が長いと「疲れた」と口に出す。

私は現場では自分の感情を出さないほうだったが、そういうことも目の当たりにして、よくないなと。できるだけ自己は抑えたほうがいいと改めて思った。

逆に、男優さんの調子が悪くて勃起しないと、「勃ち待ち」というのがあるのだが、そういうときに驚くほど献身的な女優さんもいた。

カメラも回っていないし、男優さんにお願いされてもいないのに、自分から手コキやフェラで協力しているのを見て、なんかすごいなって感心した。

私は撮影の本番になれば、かなり思い切った演技もできるようになっていたが、勃ち待ちで男優さんにエッチなことをするというのは、やったことがなかった。

男優さんもプロなんだから自分で何とかしてほしいと思っていたし、何よりカメラが回っていないところでエッチするのは恥ずかしかった。

でも、男優さんが萎えたままでは撮影が進まないわけだし、カメラに映っていないところで頑張っているのはスタッフさんも同じ。私も勃ち待ち解消に協力する姿勢を見習わなきゃいけないなと思ったのだが、やっぱり恥ずかしかった。

また、絡みの演技についても、この作品はとても刺激になった。

セルビデオになってから、言葉責めとか淫語とか、そこそこ定番のボキャブラリー以上のことを自分で考えて発信する作品がすごく増えた。

私はちょうどそのへんの表現力が欲しいなと思っていた。

そんなとき、この作品で五人ぐらいの女優が一緒に絡むシーンがあって、その中で飛びぬけて目立っている女のコがいた。

エッチなアニメの声優のように、次から次へと淫語フレーズが出てきて、それがオリジナリティに富んでいた。その独自の世界に圧倒されてしまった。

私もそうなりたいと思って、それから一生懸命に頑張った。ひとりで部屋にいるときに言葉責めを練習する姿は、かなり滑稽なものではあるが……。

やっぱり単体でやってる女優さんは、そのぐらいの武器がないと目立てないんだということを、そのコに教えてもらったような気がした。

そのコというのは、西野翔ちゃんだ。

そのときからすごい翔ちゃんだったのだが、やっぱり語彙も演技力もあるから、ドラマものになると図抜けた実力を発揮する。もちろんAVの本質もわかっていて、

「セックスになったら手を抜いてくる男優とかまずないよね」と言い放つ。

作品に対しての意気込みが、ほかの女優さんと違うなっていうのは今でも感じる。

この作品で共演したときには、あまり話すことはなかったのだが、その翌年、「恵比寿マスカッツ」で一緒になって、仲良くなることができた。彼女も二〇一九年いっぱいでAVを引退して、DJなどの活動を精力的に行っているようだ。

しょっちゅうは会えないけど、定期的に顔を見て、今でも刺激をもらってる。

香港

セル初年には、プロモーションで香港を訪れたのも印象に残っている。

当時、香港では日本のAVの海賊版がすごく出回っていて、メーカーにとっては頭の痛い問題だった。ただ、それはそれだけ日本のAV女優の人気があるということなので、逆手にとって、正規版を売ろうということだったのかもしれない。

一緒に行ったのは、みひろちゃん。みっひーだった。プロモーションを主催したのは私がお世話になってた「マキシング」さんで、彼女もそこからセルデビューしていた。そして、みっひーと私は日本のAV女優の中でも特に人気があって、有名だったらしい。

私たちの人気が本当だということを空港で知った。

「Welcome」のボードを持って歓迎してくれるファンの人たちが大勢集まっていた。

日本でいうところのカメラ小僧みたいな人たちもいて、私たちが移動するのにワーワー言いながらついてくる。ほとんどスター扱いなのだ。

海を越えてこんなに知ってくれている人がいる。そう思うとうれしかった。

ただ、向こうの人たちって、日本のファンの人たちみたいに行儀良くなくて、何とかコンタクトしようとしてグイグイくる。

日本だったら車に乗ってしまえば、まあ、そこはプライベートゾーンみたいに見てくれる。ところが香港の人たちは、私たちがロケバスの中で待機してたら、私が座ってるところの窓をドンドン叩いて、写真見せてアピールしながらサインくれと迫ってきた。

窓を開けて写真にサインしたら、もう次から次へと大変なことになった。

プロモーターの人から、向こうでは芸能人たるものどんなときでもファンサービスするのが当たり前みたいに言われてたから、断れずに手帳やらノートやらにサインをしていた。

それからみっひーと一緒に、向こうのテレビ番組に出演させてもらったり、インタビューを受けたり、ファンの方たちとゲームをしたりして、プロモーションを終えた。そのときは彼女とそんなに話をすることもなかったのではあるが。

前にも書いたが、みっひーと本当に仲良くなったのは、彼女がAVを引退してからだ。

それからはたまに一緒にご飯に行って、仕事の悩みを聞いてもらったり、恋バナとかもしたことがあった。みっひーはすごくしっかり者で自分の考え方を持っている。

可愛い顔に似合わず、ちょっと頑固なくらい。だから私が中途半端なことを言うと、ビシッと叱られたりするから、ちょっとこわかった。

ただ、本人も言ってるけど、最近はだいぶ丸くなったようだ。

最優秀女優賞

本格的にセルデビューした二〇〇七年は、私がAV女優として大きなターニングポイントを迎えた年だったと思う。

レンタル時代にすごく気にしていた専門誌の人気ランキングで一位になることも多くなったし、「MOODYZ」さんの「年末大感謝祭2007」で最優秀女優賞を頂いた。また、エスワンさんのデビュー作が、作品賞で総合二位という高い評価をしていただいた。

「嬢王」などの影響もあったのだろうが、イベントやサイン会をやると、驚くほどたくさんの人が集まってくれるようになった。

AV女優になったときの目標だった〝ナンバーワン〟が見えたような気がした。

社長のSさんに冗談めかして言った。

「私、日本一になりましたよね」

Sさんがこう答えた。

「よし、次は世界一だな」

ただ褒めてもらいたかったのに、と思った。

Sさんは私がAVをやめてしまうんではないかと心配して、そんなことを言ったらしいが、私はそんなことまったく考えてもいなかった。

AV女優が天職だというようなことは一度も思ったことはないが、この世界でどこまで行けるのかやってみよう。そう思ってワクワクしていた。

イベント

セル移籍とともに、私は急激に忙しくなった。

レンタルメーカーさんに専属契約しているときは、二社といっても系列のメーカーだったので、毎月一本、両社で年間十二本リリースするというスタイルだった。

なので、撮影は月一本ということでやらせてもらっていた。

セルビデオの「エスワン」と「マキシング」は完全に別のメーカーさんなので、双方と年間十二本、計二十四本の契約となると、月二本の撮影が必須になった。

月二本といっても、二日で終わるわけではない。

撮影自体は一本二日撮りなので二本で計四日。パッケージ撮影が一日ずつ。打ち合わせがそれぞれ二日ずつの計四日で、最低でも合計十日は必要だった。それに延期や再撮などがあるので予備日として二日入れると、毎月十二日はとられる計算になる。

それにグラビアの撮影が、コンスタントに月に四、五本はあった。

それから雑誌やスポーツ新聞に連載していたコラムのロケも必要だったし、不定期にVシネやテレビ出演が入ってきたりで、平日はほぼ埋まる。

そして、週末はすべてイベントが入ってくるのだ。

レンタルのときはイベントに呼ばれるのも三ヶ月に一回ぐらいだったのだが、セルに移ると、月に一回は土日をエスワンさんのイベントに押さえられて、ほかの三回の週末はマキシングさんのイベントに参加するというスケジュールだった。

なぜかというと、レンタルAVの場合はレンタルショップの集客が主な目的で、十八歳以上であれば無料で誰でも参加することができた。

ところがセルビデオショップで行うイベントの場合は、サインや握手などの特典のためにはDVDの購入が必要だったのだ。さらにDVDを二枚買うとツーショット撮影ができて、三枚買うとチェキがもらえるというような特典がついていた。

つまり、イベントが直接、DVDの売り上げにつながっていたのだ。

そう考えると、AKB48の握手会や総選挙のCD購入システムは、セルビデオを参考にしたのではないかと思えてくる（笑）。

というのも、私がマキシングさんからのデビューイベントを秋葉原の石丸電気さんで開催したのは、二〇〇六年の十月だったのだが、その近くに前年オープンした「AKB劇場」があって、同じ日にライブをやっていたのを覚えているからだ。

まだ、あまり人気に火がついていなくて、私のイベントにきてくれた人も「AKBって何？」と話していた。つまり、あのときは握手会も総選挙も生まれていなかったのだが、AVのDVD購入イベントはシステムができあがっていたのだ。

毎週末のイベントは地方も多く、体力的にはしんどかった。

しかし直接ファンの方と交流するのは、みなさんが私をどう見ているのか、何を期待しているのか知ることができたし、それは仕事の大きなモチベーションになった。

レンタルのデビューイベントで参加者十人などという悲しい思いをした私だが、その後は徐々にファンの方に集まっていただけるようになり、「嬢王」出演からセル移籍という流れの中で、参加していただける人数が劇的に多くなった。

大きい会場になると三、四百人の方が参加してくれて、そうなると全員の方と握手してサインして、ひと言話してというだけで数時間かかる。それにツーショット写真など撮る時間もあるから……逆に参加者十人のイベントがウソのように感じた。

印象に残っているのは、エスワンさんとマキシングさんのイベント格差だ。

エスワンさんは大きな会社なので、イベントの準備も進行もしっかりしていた。各県の主要都市にあるショップが会場で、本社の広報担当の方が現場を仕切ってくれた。ちゃんと司会やMCの方がついて、会場を盛り上げて、私のことも「東京から大女優さんがきてくれました～」みたいな扱いをしてくれた。

一方のマキシングさんは、私がセルデビューするとともにAV業界に発足したメーカーだったので、地方の営業基盤も確立されていなかった。

ショップの棚にもあまり作品を置いてもらえないような立場だったから、とにかく呼んでくれるところにはどこでも行きますみたいな。

見渡す限りの田んぼの中にポツンと建ってるプレハブのショップなんかにも行ったことがある。あぜ道を通って裏口から控室に入ったのだが、なぜか隣の犬小屋とつながっていた。

外で飼ってる犬が寝るところなのだろうが、雨が降ってジメッとした日だったから、けっこう臭《にお》いがすごくて……。

傾いたパイプ椅子に座って、ボロボロの机の上に紙コップのお茶を出されても、「ここで……？」と思って飲めなかった。

でも、そういう店のほうが、どこから人がやってくるのかわからないけど、けっこう盛況だったりするので面白い。ＤＶＤもバンバン売れちゃったりして。

だいたいマキシングさんの地方イベントは、土日の二日間で四ヶ所を回るパターンが多かった。昼ぐらいに到着して、トークショー、サイン会や撮影会をやって、移動してもう一回というのは、時間的にかなりタイトなものだった。

地方に行っても美味しいものを食べられるわけでもなく、

「ほんと時間なくて申し訳ないけど、これでいいですか」って営業の人が買ってきてくれたコンビニ弁当を、「ぜんぜん大丈夫です」と移動の車中で食べての繰り返し。

しかも一軒目のショップに予想以上のお客さんが集まっていただいた場合、みなさんに対応していると、二軒目のお客さんたちをだいぶ待たせることになってしまう。

でも、ファンの人たちは逆に大歓迎してくれたりするので、本当にうれしかった。

そういうイベントなんかに関しても、うまくいったことより、つらかったことや恵まれなかったことのほうが記憶に残っている。人間の心って不思議なものだ。

ファン

私のイベントに〝千回以上〟出席してくれているファンの方がいる。

二〇〇三年に秋葉原のヤマギワソフトで行った私のデビューイベントから追っかけてくれて、トークショー、サイン会、握手会、バスツアー、マスカッツのライブと、日本国内は四十五都道府県、香港、台湾、シンガポールまできてくれた。

私は彼のおかげで、自分が千回以上もイベントをやってると知ることができたと言ってもいい。彼のブログには、AV女優・吉沢明歩の歴史がすべて載ってるといっても過言ではない。気になる方は、吉沢明歩ファンブログで検索！

私を追っかけるようになってから、いろんな地方に行ったり、ファン同士のつながりで知り合いが増えたり、人生が変わったと言ってくれた。

私が引退を発表すると、久しぶりに彼が手紙をくれた。

「いつかはそういう日が来ると思ってたけど、気づいたら涙が落ちてた」って。

ファンの方の応援がなかったら、こんなに長くAV女優を続けられなかった。

ファンの方には本当に感謝している。

クラウドファンディング

私は引退するときに、何か記念になるものを作りたいと思った。

そして、二〇一九年三月の引退に合わせて写真集を制作することにした。

なるべく自分と、ファンのみなさんの想いを形にしたかったので、制作資金を自分で調達しようと考えた。クラウドファンディングを利用すればそれが可能かもしれない。

目標金額を四百万円に設定して資金を募ってみると、
なんと千百二十二万六千円！

そのおかげですごく大きな（写真集の判型も）思い出を形にすることができた。

16年という長期にわたり活動してきて、卒業を迎える私への感謝とエールの気持ちをいただいたものだと心から感謝している。

私は本当にファンのみなさんに恵まれたと思う。

住まい

二番目の彼氏と別れてしばらくして、ちょうど「おねがい！マスカット」が始まった頃だったと思うが、同じマンションの五階の部屋が空いた。

その部屋は、一階よりもリビングが広くて、カウンターキッチンになっていて、私の理想的な間取りだった。部屋の向きは南西だったが、昼すぎぐらいから夕方までずっと陽が入り、環境的にも悪くなかったので、引っ越すことを決めた。

うれしかったのは引っ越しの作業が楽だったことだ。業者の人も喜んでいた。

その前の引っ越しも彼氏と別れた後だったが、そこに深い理由はなくて、本当にたまたまいい物件が見つかったというだけなのだ。

家賃は二十万円ぐらいだった。

渋谷と新宿の間ぐらいで、目の前をバスが通ってたし、タクシーに乗ってもすぐだったし、どこに行くのにも便利で立地的にも申し分なかった。

それに明治神宮にも近くて、ちょうど神社に囲まれているようなエリアで、すごいパワースポットとしても有名な場所だった。私は偶然だったのだが、わざわざそのエリアを選んで引っ越してくる人もいると、近所のネイルサロンで聞いた。

その五階の部屋には三年ぐらい住んだ。

そこから引っ越すときには、パワースポットというのが気になってしまい、たまたま仕事で占い師さんに占ってもらうという企画があって、相談したら、タロットか何かだったんだけど、東向きに行くといいですよと。

それを信じて東側のエリアを探すと、すごく内装がオシャレでセンスのいい分譲賃貸のマンションが見つかって、そこに決めた。

恵比寿マスカッツのメンバーと仲良くなってから、部屋の話とかもするようになると、タワーマンションの二十何階でリビングが六十平米、家賃が三十数万円なんていうコがけっこういて、さすがAV女優ねなんて他人事《ひとごと》のように感心したのを覚えている。

三番目の彼氏

五階の部屋に引っ越してしばらくした――二〇一〇年。

ＡＶ女優になってから三人目の彼氏ができた。

相変わらず月二本のＡＶの仕事、その間にグラビアの撮影やお芝居の仕事。毎週末はイベントで全国を巡り、「おねがい！マスカット」が、「おねだり!!マスカット」から「ちょいとマスカット」に替わった頃だったと思う。

目まぐるしいほどの忙しさの中にも、潤いが欲しかったのかもしれない。

その人は二歳年上で、出会ったときはスポーツインストラクターをやっていた。

私がスポーツジムを探していて、友達に「いいジムがあるよ」って紹介されたのが、彼がインストラクターをやっているジムだったのだ。

最初は親切なトレーナーさんだと思っていろいろなことを教わっていたのだが、だんだん格好よく見えてきて、紹介してくれた友達を交えて外で会うようになった。

私がAVの仕事をしていることは言わなかったけど、知っているようだった。

それから自然と二人で会うようになって、付き合い始めた。

付き合うようになってしばらくしてからは、私の部屋に住むようになっていた。

そう言うとみんな、相手が転がり込んできたって思うらしいけど、そうじゃなくて私が一緒にいたいから招き入れた。

その後、彼はジムをやめて、一般の会社に就職した。

一緒に住んでからわかったのだが、けっこう束縛の強い人だった。

普段は本当に愛情たっぷりに接してきて、ベタベタするぐらいに可愛がってくれるんだけど、自分の思い通りにならないと機嫌が悪くなるタイプというのだろうか。

最初はそれがうれしかったんだけど、基本的に距離が近いのだ。

ちょっとコンビニに行くだけでも必ず手をつなぐ。

ご飯を食べに店に入って四人掛けのテーブルに案内されたら、普通は向かい合って座ると思うのだが、その人は隣に座ってくる。どこに行っても二人の空間を作りたがる。

最初は（え？）って思ったけど、その人にとってはそれが当たり前。他人の目なんか気にしない。私も強く拒否する理由がないから、そうなってしまうのだった。

それに、セックスがすごく丁寧だった。

男優さん並みという表現はおかしいかもしれないけど、まるで見ている人を意識しているようにものすごく時間をかけて、たっぷり愛撫してくれた。

ただ、私はかなり忙しかったので、そうそう彼との時間を優先するわけにもいかなかった。会えない時間が増えると、途端に機嫌が悪くなった。

帰宅するのが遅くなったり、地方のイベントから戻る予定が遅れたりすると、理由を問いつめられた。手は出なかったが、怒りをむき出しにして責めつけてきた。

でも、それが過ぎ去ると、「ゴメンネ」って前にも増してやさしくなって、次の日に私が仕事で出かけたりすると、「私のことをどれだけ大切に思ってるか」を延々と綴ったためちゃくちゃ長文のメールを送ってきたりするのだ。

そして、それに返事をしないと「どうしてすぐに返信できないの」って面倒臭い。

そのうちにとうとう私の仕事にも口を出すようになった。

「いつまでそんな仕事やってるつもり？」

「俺に悪いと思わないの？」

もはや完全にモラルハラスメント、モラハラだった。

それで私はかなり精神的にダメージを受けてしまい、仕事にも影響が出るようになってしまった。グラビアの撮影で、その頃はもうデジカメだったので、その場で撮った写真をパソコンで見られるのだが、自分で見ても表情が険しいことが多かった。

自分で何とか解決しようと思って、

「私は仕事が好きだし、やめるつもりはないから、それが嫌なら別れる」

そんなふうにひと晩中話し合ったこともあった。

そうすると彼は、ボロボロ泣きながら謝るのだ。

結局、それ以上は強く言えず、逆に目の下にクマを作って仕事に行く悪循環。それをある日、社長に気づかれてしまった。

「最近どうしたんだ。顔色が悪いぞ、寝てないのか？」

もう限界だと思い介入していただいた。Nちゃんには前から相談していたので、Sさんと一緒に部屋に来てもらって、彼に引導を渡してもらうことにしたのだ。

そのときも彼は泣いてSさんに謝っていたが、出ていってくれた。

それからしばらくしたときのこと。

Vシネの仕事が入っているときだった。

低予算のVシネは長時間の撮影で不足分を埋めようとする。一日目の撮影が終わったのが朝の四時半ぐらいで、一度家に帰って、数時間後には翌日の現場入りだった。

Nちゃんが迎えにきてくれたとき、私は眠りに落ちて起きることができなかった。

普段使うことはないのだが、念のためNちゃんは私の部屋の合鍵を持っていた。電話でもピンポンでも起きないので部屋を開けたNちゃんに、男物の靴が見つかってしまった。

「あっきー、どうして?」

「ごめん、だって……」

実は、彼からかかってきた電話に出てしまい、よりを戻していたのだ。

電話で必死にやり直そうという彼の声を聞いて、情がわいてしまったというのもあるが、体の相性が良かったということもあった。

すごい〝だめんず〟なのに別れられない女性って、その人じゃないとおかしくなるぐらい肌が合うからだと聞いたことがある。私もその人で少しだけそれを理解した。

特に私の場合、その頃、AVのセックスでは、人に見せることを意識して激しいプレイをするようになっていたので、カメラアングルなんか考えなくていい彼とのエッチは、すごくリラックスできて、快感に没頭できたのだと思う。

見せるセックスじゃなくて、感じるセックスというのだろうか。

男優さんとのセックスは、本当に肉体を酷使する運動のようなものだった。

どんなふうに映っているのか考えながら、絡みの間も頭を回転させているし、ぜんぜん気持ちよくないこともあるのだが、そんなことは微塵も顔に出せない。

前戯にしても、体位にしても、めちゃくちゃ激しいことをやるから、きついトレーニングをしているような感覚になって、そういう面では、「ああ、今日もいい仕事ができた」っていう達成感は得ることができるのだけれど、どこかで、本当の自分が心を許せる相手とセックスしたいという欲求は高まるのだ。

そういう彼氏がいて、その欲求が満たされれば、また次頑張ろうって思える。

セックスに関しては、彼はまさにそういう存在だったのだが、やはり性格的には二重人格というか、普段は穏やかでやさしいのに、急に攻撃的なモラハラ男になってしまう。関係を続けていたら、また精神的に追い詰められてしまうのは明らかだった。

ちょうどその頃、二〇一一年からマスカッツの営業が全国規模のライブ活動になって、まさに私は目の回るような忙しさになった。

再び出ていってもらい、電話もメールも無視した。

体の相性としては後ろ髪を引かれる思いだったけれど、そのおかげで、何とか彼との関係を断ち切ることができたのである。

作品

私はAV女優として、レンタル系の作品に育てていただき、セルビデオで花開いた。そう思っている。ここからはセルの中でも印象に残っている作品を挙げていきつつ、そこから思いつくAV業界のあれやこれやを綴っていきたい。

「ギリモザ 痴女医 吉沢明歩の変態クリニック」（二〇〇九年リリース）

この作品ぐらいから〝痴女〟が板についてきた。

あまり頭で考えなくても、自然とセリフが浮かんでくるという感じだ。

「あぁ～ん、こんなに硬くしちゃって。ドクドクしてるよ。舐めてほしいんでしょ。いいわよ、舐めてあげる。気持ちよくなって、いっぱいエッチな声きかせてね」

それまで経験してきたノウハウをすべて目の前の撮影に活かそうというような気持ちが芽生えて、（こうやったらエロく見えるかな）と、求められている以上のことをやってやろうという貪欲な意識が大きくなってきたのだ。

AVをやらなかったら、絶対に知らなかったと思うのだが、実は、私は〝足コキ〟が好きだったりする。やったことがある女性はどのくらいいるのだろうか？

この作品では、足でオチンチンを擦ったりしごいたりして弄《もてあそ》びながら、自分のアソコを手で触って自慰を見せつけ、淫語もずっと発し続けるという、画面の中がエロで大渋滞みたいな状態を生み出すことに成功した。

台本に書いてある以上のことをやるのが楽しかった。

男性の五感を責めるように、どこも休んでいるところがないっていう状態が、私が見せられる痴女の最高潮。それに満足いった最初の作品だ。

これ以後の痴女作品は、毎回楽しんでやることができた。

「デリバリーAcky！」（二〇一〇年リリース）

これはもう撮影状況が劣悪で忘れられない。

私がデリヘルみたいに応募してきた男性のお宅を訪問して、相手の要望に応えながらエッチするというファンタジー作品だった。

相手は男優さんだから安心なのだが、部屋は本物の一般の男性が住んでいるところを借りて使ったので、これがもう超絶汚かった。

グラビアの撮影なんかで使わせてもらった女性の部屋はきれいだったのだが、一人暮らしの男性の部屋って、もう絶句。足の踏み場がないぐらいなら許せるけど、床なんかいつ拭いたんですかっていうぐらいベトベトして、その上にホコリが溜まってるし。

臭いし、いたるところに変な毛が落ちてるし。つま先で歩いて奥のベッドに向かいながら、いくらなんでもこんなところでエッチしないでしょ、って泣きそうになった。

しかも同じくらい汚いところに三軒行った。よく探したなと思った。

こういうパターンの作品はときどきあるけど、いきなりファンの家に訪問するっていうのは、できないんじゃないかと思う。

事前に性病検査と血液検査をしなければいけないからだ。

ただ、そういう準備段階を踏んで、男優さんではなくファンとガチでエッチする作品はあると思う。私はやったことがないけれど。

「魅惑の競泳水着フェチ」（二〇一一年リリース）

これも自分の思わぬ性癖を知った作品。

私、肌にぴったりへばりつく競泳水着好きかもって。

この作品は女子校生もので、ピチピチの競泳水着を身に着けた上に、ブラウスとミニスカートの制服を着て、チラチラ水着を見せながら誘惑するという作品だった。窮屈なくらいに伸縮性のある生地で体を締めつけられている状態と、競泳水着のツルツルした触感に、ものすごく萌えた。私、フェチかもって。

考えてみれば、以前の作品でやった布越しのキスも好きだったなって。

あと、ボンデージ衣装なのだろうが、作品の中で、きついラバーで顔だけ出るやつを着たことがあった。必要以上に興奮していたような気がする。

AVをやっていなかったら、やはりそんな自分に気づかなかったはずだ。

何かで顔面まで完全に塞いでしまうラバーの全身タイツみたいなコスチュームを見たことがある。今度、着てみたいけど、プライベートじゃ無理！

「交わる体液、濃密セックス 乱れ咲き温泉編」（二〇一一年リリース）

これは完全に〝プレイ推し〟で忘れられない作品。

この作品の中で私のしているセックスは、AVもプライベートもすべてを含めて私のしてきたセックスの中で、頂点なんじゃないかと思う。

作品自体に絡みの流れもなくて、私と男優さんが、好きな人に会いたくてたまらない気持ちとか、湧き上がる性欲とか、男女の複雑な感情、相手に対する想いを、絡みの中でお互いに爆発させるっていうのがテーマだった。

基本的にそういうテーマはＡＶの根底に流れているとは思う。どんな現場でも、男優さんがどういう感じできてくれるんだろうとか、自分をどこまで出したらいいんだろうとか考えながら、お互い持ってる最高潮で、燃え上がるようなセックスを見せたいと思いながら、なかなかうまくいかないのが現実だった。

ところが、この作品では、二人の熱量が奇跡的なほどにぶつかり合って、さらに男優さんに高いレベルを求められて、自分もそれを返してっていうのが完璧にできて、私はもう最終的に感動して、フィニッシュ後にめちゃくちゃ泣いた。

毎回やれと言われても絶対にできない。スポーツ選手が驚異的なパフォーマンスを見せたとき、「ゾーンに入った」と表現するが、そういう状況だったのだろうか。俳優さんも役にハマりすぎて、演技しているのを忘れたとき、怪演が生まれるという。

それほど突き抜けたセックスだった。

男優さんは、大島さんだ。

この作品の現場で、大島さんと私が作り出した熱量っていうのは、残念だけど、プライベートでは超えられないものなのだと思う。

やっぱり、AVのセックスは、見た人が圧倒されるようなセックスをしようという熱量で絡みをするから、それがうまくいったときは、とんでもないレベルのものになってしまうのだ。一般の男女が二人きりでセックスするとき、他人の目は気にしない。

そんな突き抜けたセックスを一度経験すれば次回もできそうだが、そうはいかないのも難しいところだ。大島さんとは、その後いろんな作品で何度も絡んだのだが、このとき以上のセックスができたことは一度もない。

いろんな条件に左右されるのも、やはり人間同士のセックスということなのだろう。

そういう意味で、セックスの平均スコアが高いのは、ダントツで田渕さんだ。

もう五十歳を超えていらっしゃると思うのだが、衰えを知らない。

自分の職業であるAV男優として生き残るために、若い頃から努力を続けてこられたからこそだと思う。聞けば、常日頃から体にいい食べ物しか摂らないという。

あと、男としての鍛錬も欠かさないらしい。スクワットを独自にアレンジした勃起体操みたいなものもあるそうだ。そのせいなのかもしれないが、田渕さんは立ち姿がすごく美しい。立ち居振る舞いにも無駄な動きがなくてほれぼれするほどだ。

ご本人は勃ちをよくするためとおっしゃっているが、現場で絡みの前には、熱いシャワーを浴びて高めているらしいのだ。だから、いつも田渕さんは、いざというとき皮膚が赤い。

だいぶ温度が高そうだが、こちらもちょっとテンションが上がる。

そして、やはりすごいのは絡み自体。性の仙人にさえ見えてくる。

自分の見せ方を研究してる男優さんは多い。愛撫や挿入してからのピストン運動に強弱をつけたり、自分の腰つきで激しいセックスを演出したり、それもプロだとは思う。

ただ、田渕さんは静にして動かず。自分が女優をコントロールして、女優のエッチなところを見せるテクニックがある。

挿入してからあまり動かなくても、女が感じるツボを把握しているみたいで、軽くフンとポイントを刺激されるだけで、こっちは「ハァ〜ン」となってしまう。

それに日ごろの鍛錬のせいなのか、動かなくてもヴァギナの中でペニスが萎えずにカチカチに硬いままなのだ。それで最低限の動きでツボを責めることができるから、女優の負担は何もない。いわば自分は黒子のように身を隠して、女優を狂わせるという離れ業。

見ているユーザーさんも女優に集中できてうれしいのではないだろうか。

イッたことがない、イケなくて悩んでる女性は一度、田渕さんと絡んでみればいいんじゃないかと思う。AV女優にならなければ無理な話ではあるが。

激しいピストン運動でイカせることばかりに執着している男性も、目から鱗な田渕さんの神業を見習ってもらいたい。

あと波長が合う男優さんといえば、森林さん。

初対面のときに、私は「この人変態だな」って思って、そのイメージが強かった。その後何かのときに、すごい秀才だと聞いて、やっぱり頭のいい人は変態なんだと。

でも、それは悪いイメージじゃなくて、AV男優なんだから利点だと思うし、何回も現場でお会いするうちに、森林さんのやさしさが沁みてくる。

「寒い現場もあるからね」ってクリスマスのときにスリッパをプレゼントしてくれたり、私の引退作でもご一緒させていただいたのだが、事前に私と仲のいい女優さんたちに私がよろこびそうなものをリサーチして、プレゼントを買ってきてくれたり。

絡みのシーンでは、必ず耳元で「好きだよ」って囁いてくれる。

それがなんか、仕事だから言ってるっていうおざなりなものじゃなくて、これからセックスする女性への敬意を表す言葉のように聞こえて、私も好きになる。

現場にいるみんなにやさしいから、スタッフさんにも女優さんにも好かれて、森林さんが売れっ子なのは、すごくよくわかる。

黒田さんも好きな男優さんだ。

ムキムキマッチョな黒田さんだが、すごく私をうれしくしてくれる。

「新年一発目の現場があっきーなんて、今年はいい年になるだろうなー」

「今日はあっきーの現場だから、新しいパンツ下ろしてきたよ」

笑っちゃうぐらい可愛らしいのだ。

「犯された花嫁 悲劇のヴァージンロード」(二〇一一年リリース)

私がはじめてにして、唯一監督にNGを出した作品。

思い出したくもないのだが、こういう嫌なこともあるということで記しておく。

だいたい撮影の何日か前に、作品と絡みの内容について監督を交えて打ち合わせをするので、基本的にはあまり現場でトラブルは起こらないのだ。

ただ、このときはまったく打ち合わせにない行為が行われようとしたので、けっこう忍耐強い私も拒否して、徹底抗戦するしかなかった。

ことの発端は、男優さんが電マを挿入しようとしてきたことだった。

しかもご丁寧にあの電マの大きいヘッドを細工して入りそうにしてあった。

そんな話はまったく聞いてなかったし、いくら削ってあるとはいっても、あんなもの入れられたらどんなことになるかわからない。大怪我するかもしれない。

一回カメラを止めてもらって、控室でNちゃんに相談すると、電マを細工したと思《おぼ》しきADさんを呼んで事情聴取。すると、すべて監督の指示だという。

「男優さんにもやってくれって言ってました」

その場では「打ち合わせになかった」というと、監督も渋々納得したので、打ち合わせ通りに撮影して、後日、事務所に事情を説明に来てもらった。

そうしたら、ニヤニヤしながら「何か不都合なことありました？」みたいな態度。遅れて社長も同席したら、「どうもすいませんでした」みたいなことは口にしたのだけれど、まったく反省していないのは見え見えだった。

よく聞いたら、その監督の素行の悪さは有名で、もう二度と会いたくないと思った。

私がその監督をNGにしたら、あっという間にAV業界に知れ渡ったらしい。

あの温厚な吉沢明歩をキレさせた監督がいるって。

NG監督はそのひとりだけだけど、直接絡む男優さんは何人かにNGを出した。

そうなると生理的な理由が大きい。単純に体の相性が合わないなっていう人もいるし、自分勝手に説明と違うことをしてくる人。つまり自分の嗜好や性癖を、どんな絡みにでも持ち込んでくる人は、やっぱり次は遠慮させてくださいと言うしかない。

有名な男優さんで超腋フェチの人がいて、私は好きじゃないし打ち合わせでやめてくださいって言っておいたのに、これでもかって舐めてくるからNGにしたこともある。

あと、NG出すほどの男優さんではない、俗に言う〝汁男〟に、やたら態度が大きい人がいて驚いたのを覚えている。

通常、汁男って現場の隅の方で、いるかいないかわからないくらい静かにしてなきゃいけないっていう、暗黙の業界ルールがある中、私がメイク終わって男優さんの控室を通ってベッドルームに行こうとしたら、肘をついて寝っ転がったまま、

「ああ、もうメイク終わった感じ？」

って声をかけてきた見たこともないし聞いたこともない男性がいた。

感じワルっと思ってベッドルームに移動したんだけど、次のシーンがその人のフェラ抜きっていう。しかもちょっと特殊な臭いがする方で、もう最悪と思いながら、そこはプロのAV女優として我慢してやるしかなかった。

「麗しきボクの叔母サン」（二〇一二年リリース）

私もアラサー圏内に入って〝熟女〟と呼ばれることにすごく抵抗があって、なぜか「私は絶対熟女にはならない」っていう変なプライドを持って生きているところに、この、叔母サンていうキーワードが出てきて、メーカーはどうしてもタイトルに入れたいと。

しかも男優さんのセリフにも「おばさん〜」ていうのがいっぱいあって、「すごくヤダ」って思って、内容には関係なくテンションがめちゃくちゃ下がった作品。

ただ、この頃から人妻役が増えるという抗《あらが》えない現実も……。

「とおり雨～しとどに濡れる秘肉～」（二〇一四年リリース）

撮影したのが三月で、まだ寒いのに、雨の中の絡みはすごくつらかった。

しかも、とおり雨っていうのが、ホースでこれでもかってどしゃ降り……。

そのくらい降らせないとカメラに映らないらしい。

そんなゲリラ豪雨みたいなのに当たって、洋服が透けていく私。それを見た男性がそそられちゃって、犯されるみたいな作品なので、そのまま絡みに突入！

男優のサダさんが、そういう過酷な状況に燃えるタイプの男性で、肉体的にキツくなればなるほど、「よっしゃー、やってやる」みたいに興奮するので、それに引っ張られて私も最後まで乗り切れたが、そうじゃなかったら……。

体温を感じなくなるほど唇まで青ざめて感覚がどうにかなってしまいそうだった状況の中、サダさんの精神力の強さが頼もしく感じた。男優さんに助けていただいた撮影だった。

「おま●こ、くぱぁ。」（二〇一四年リリース）

タイトルが伏字になってるし、「くぱぁ」って何と思ってたら、プロデューサーさんが、エロい同人誌の「くぱぁ」とか「クチュクチュ」とか、そういう擬音が今っぽいんだというので、はぁ……？　と思いながら撮影に臨んだ。

そうしたら、撮影中に「くぱぁ」「くぱぁ」ってイヤになるぐらいたくさん言わなくちゃいけないという、それがエロいのかな、とよくわからなかった。

とはいえ、そっちは問題なく終わったのだが、パッケージでひと悶着あったのだ。

私は中身がどんなにエロくても、表のパッケージだけはきれいに写してほしくて、ヘアはNGにしていたのだ。でも、仕上がりのパッケージはギリギリのところでトリミングしたいから、とりあえず撮影だけはヘアまで写させてほしいという。

「じゃあ、信頼してますよ、絶対にカットしてくださいね」と念を押した。

ところが、完成したパッケージにはヘアまでしっかり入っていた。

この私が出演した「くぱぁ」第一作は人気があったらしく、シリーズ化されてたくさんの女優さんが出演することになった。やはりプロデューサーさんの目のつけどころはすごかったのだと思うが、私にとっては少し後味の悪い作品になった。

「Fucking Machine SEX」（二〇一五年リリース）

これも全編通してつらかった作品。

見たことがないようなオモチャがたくさん出てきた。だいたいバイブを改造したもので、男優さんが動かすのではなく、装置が動く、ゼンマイ運動するみたいなやつ。

だいたい私は、女体の構造上、バイブがあまり好きじゃない。ところがこれはバイブありきの作品なので、どうしようもない。はっきり言うと、ずっと痛かった。

でも、そんな表情できないから、感じてるふりをしないと作品が成立しない。

これもシリーズ化されたので、出演する女優さんは、みんなつらいだろうなぁと同情してしまう。これもAVならではのファンタジー……なのだろうか？

「一輪車、婦警さん。パトロールアッキー！出動します！」（二〇一六年リリース）

この作品は、監督と企画の打ち合わせをしているときに、「吉沢さん、何か得意なものありますか？」って聞かれて、「一輪車乗れますよ」って答えたのがきっかけで、「じゃあ、一輪車に乗る婦警さんのコスプレもので行きましょう」で、できてしまった作品。

もちろんヌキどころもちゃんとあるのだが、監督の遊び心でしっかりロケした、婦警の私が一輪車で「待て〜」と犯人を追いかけると、どんどん離されていくというシーンがあまりに間抜けだったのか、売れ行きはぜんぜんよくなかったらしい。

ところが、そのシュールさを気に入ってくださった方がいた！

お笑い芸人のケンドーコバヤシさんが、AbemaTV版の「アメトーーク！」で開催された「AVサミット2019」で、「俺だけの最優秀作品賞」に挙げてくれたのだ。すごい反響だったし、それで私は救われた。

「完全固定されて身動きが取れない吉沢明歩　腰がガクガク砕けるまでイッてもイッても止めない無限ピストンSEX」（二〇一六年リリース）

このへんからタイトルがどんどん長くなって、文章化していった。

そして私は、キャリア的に内容がハードな作品が多くなってきたと感じていた。

この作品は鉄の棒に私を固定して、まったく身動きができない状態にして行為をするっていう、ちょっとしたレイプみたいな凌辱的な画を撮るのがテーマ。動けないということは動かなくていいということで、少し楽なのかなって甘く見ていた。

完全固定で体が動かないと、血も固まってしまうということを知らなかった。

ほとんど江戸時代の拷問だったという、やはりつらい思い出。

「世界一薄っす〜いコンドームつけて子作りおねだり淫語　妊婦懇願ハメまくり新婚ごっこ」（二〇一六年リリース）

私は引退するまで「中出し」NGを解禁することはなかったのだが、この作品ではじめてというか、唯一「中に出して」というセリフを口にしている。

でも、実際にいつも通り、ゴムを装着したままの外出しだった。

ちょっとユーザーさんを裏切ってるのかな、と思いつつ、私にも譲れない部分はある。しかし、セリフとして口に出してしまったら、それを信じる若いコもいると思うから、性産業に関わる者としては、やっぱり言うべきではなかったと反省した作品。

「至高のペニバン アナル男犯」（二〇一七年リリース）

これもAV女優にならなければ、絶対に体験できなかったこと。

しかも私がリードして男性二人との3Pをするという高いハードル。

おひとりが超ドMでアナルを犯されるのが好きという方だったのだが、私は慣れてないから、ペニバンでアナルを責めてるときはどちらかというとこわいのだ。

でも撮影中はノリノリで、うれしそうに笑いながら、ペシンペシンお尻をスパンキングまでしてるんだけど、内心ヒヤヒヤ。カットがかかると、その人がグッタリ動かないので、「大丈夫ですか」って心配したら、「気持ちよすぎて動けなかった」って。

で、その人を射精させてから、別の男優さんに命令して自分を気持ちよくさせるという流れなので、それをスムーズに成立させるのがすごく難しかった。

痴女はやっぱり才能が必要だなと思ったのである。


「新米教師のわたしが引率した夏合宿は、有名ヤリサーの輪姦合宿でした。」（二〇一七年リリース）

これで私は、AVをやめようと思った。

この作品は「ヤリサー」「輪姦」というのがキーワードになっている。

スーパーフリー事件はだいぶ前だけど強烈な印象に残っていたし、この前年には、「ミス慶應コンテスト」を主催していたサークルが問題になっていた。

そういった現実の輪姦事件に乗っかる形で、この作品ができたのは誰にでもわかること。それを演じることになってしまった私は、この作品が世の中に出ることによって女性が被害者の社会問題をまるで肯定しているかのようで、それがかなりつらいなと思った。

それと現場に入ったら、ひどい扱いを受けた女性の心境になってしまったというか。それを作品にしなければいけない、AV女優という自分の職業が抱えるジレンマみたいなものにさいなまれて、リアルに撮影現場で、なんかもう心が犯されていくような、肉体っていうよりも精神的にちょっと無理だなって思った作品がこれだった。

別に現場で本当にひどい扱いを受けたわけではないし、男優さんにもスタッフさんにも気をつかってもらい、輪姦に見えるように撮ってもらったぐらいなのだが、こういうのは無理かもしれないと意識してしまったのだ。

とはいえ、十年以上お世話になってきたメーカーさんの仕事を、あれこれ選り好みすることはできないので、自分が身を引いたほうがいいのかなと思った。

そして、私の心はゆっくりと引退に向かっていった。

「吉沢明歩が実際にデカチンが本当に気持ちイイのか検証してみた★」（二〇一七年リリース）

ユーチューバーのパロディーで、私がデカチンを実体験する作品。

その実体験中に、いかにデカチンが気持ちいいかを配信風にしゃべったり、でも快感に負けてヒーヒー言っちゃって、何やってるんすか！　みたいな。

こういうのは、やっていて楽しかった。

まあ、男優さんはだいたいデカチンだと思う。ビジュアル的なインパクトは大切だし、口に入れたときに「やっぱり、すごい！」って感激することもある。

私が見てきた男優さんの中で、一番のデカチンはウルフ田中さんだ。

通常のときから水入ってるんですかっていうぐらいビローンとしてる。

ただ、デカチンが男優さんになる必須条件かといったら、そうでもない。

ＡＶが多様化、細分化している現代日本では、逆にすごく小さいオチンチンも需要があるし、サイズは関係ないけど早漏が求められたりもする。

ノーマル普通サイズよりは特徴があったほうが使われやすいようだ。

ＡＶ女優も、そうなのかもしれない。

第５章
伝えたいＳＥＸ

AVのセックス

AVのセックスはステージが高い――。


もちろんAVには台本がある。

男優さんと私たち女優は、その台本に基づいて恋愛感情なしでセックスをする。

もちろん世の中にも、恋愛感情なしでセックスしている男女がたくさんいるだろう。

ただAVの現場で行われるセックスは、お互いの性欲を満たすための発散行為ではなくて、ユーザーのみなさんに満足してもらう作品を作るための「仕事」だ。

その仕事(セックス)を真剣に遂行すると、心血を注いで快楽の高みを目指す行為となり、プライベートのエッチよりも、強烈なエクスタシーを得られることが多かった。

それはスポーツ選手が極限まで集中したときに入る「ゾーン」というものに、似ているのかもしれない。自分の性的なポテンシャルを超えてしまうとでもいうのだろうか。

そういう意味でＡＶのセックスは、ステージが高いのだ。

引退した今だから正直に言えるのだが、撮影現場で〝すごくいいセックス〟ができたときなどは、お相手の男優さんのことをちょっと意識してしまい、「この人のセックスすごい」「付き合ったらどうなるんだろう」などと思ったこともあった。

しかし、実際にプライベートで付き合ったとしても、その現場のように〝すごくいいセックス〟ができる可能性は低い。そう考えて思いとどまった。

撮影現場の男優さんは、自分が気持ちよくなるためにセックスしてるわけじゃない。私たち女優がいかに魅力的、煽情的に見えるかを意識して仕事をしている。

エッチな雰囲気づくりだったり、信じられないほど長時間の愛撫だったり、言葉責めだったり、あらゆるテクニックを駆使して、相手の女優の〝女としての潜在能力〟みたいなものを引き出せるのが、プロの男優さんなのだ。

だから、カメラの回っていないところで私とセックスしたとしても、それだけの情熱は、絶対に私には向けられないだろう。撮影現場のセックスは超えられないはずなのだ。

そして、私自身もそこまでセックスに没頭できないと思う。

もっとも私の場合、プライベートではそこまで高いステージのセックスをする必要はないような気がする。誰に見せるわけでもないし、リラックスできることが一番だ。プライベートのセックスは、行為そのものよりも二人の関係性が大切。恋愛感情が必要なのだ。

気持ちよさよりも、心地よさがあればいい。

私は付き合っている彼氏に、AVの仕事をやってることを隠したことはないのだが、二人のセックス中に、私の反応と作品のセックスを比べられて、「もっと感じてたじゃん」とか「大きい声出してたよな」なんて言われると、一気に冷めた。

別に作品を見るのはいいんだけど、「比べてるんだ」って、悲しかった。

この人、AV女優の吉沢明歩とセックスしたいんだろうなって、つらかった。

でも、AVを引退した今となっては、そんな気持ちも薄らいだ。プライベートのエッチでも、けっこうノリノリで撮影のようなセックスをしてしまうかもしれない。

だけど、私が引退したのは二〇一九年三月。最後の撮影は二〇一八年の年末。プライベートのパートナーはそのだいぶ前からいないので、それが最後のセックス！

それから出会いがない。新しいパートナーが現れる気配もない！

つまり、もうだいぶセックスしていない！

……まあ、私のシングル生活はさておき、世の中には、付き合って長い倦怠期《けんたいき》のカップルや、セックスレスに陥ってしまったご夫婦など、セックスできるパートナーがいるのに、セックスできなくて悩んでいる女性も多いと聞く。

もし、その悩みを解決したいと思っているのなら、恥ずかしいなどと思わないで、女性からアプローチするのもひとつの方法ではないだろうか。

そして、どうせなら積極的にセックスを楽しんでみてはどうだろうか。

ただ、そのときに「ＡＶのセックス」を真似するのはやめたほうがいい。

一般の映画やドラマは、見る人たちを感動させるために演出が加わっている。さまざまな撮影技法が駆使されている。ドキュメンタリーと呼ばれる作品だってそうだ。

同じようにＡＶで映像化されているセックスは、見る人を興奮させるために、リアルな男女の性行為をより派手に、激しく誇張している。

それをそのまま真似するのは、女性にとって負担が大きすぎる。

プライベートのセックスで必要なのは、見る人を興奮させるのではなく、目の前にいる相手を興奮させることだ。そういう部分では、「ＡＶのセックス」にも参考にできる要素がたくさんあると思う。激しさではなく、いやらしさという部分で。

そこで、ここからは、私がＡＶで学んだセックスの中から、みなさんの性生活にも取り入れてほしいテクニックを紹介していきたい。

私自身にも、実践できる日が来ることを願いつつ……。

キス

キスは男女ともに性の火がともるスイッチだと思う。

あまりせせこましいのはオススメできない。

もう、ねっとりに尽きる。

唇を重ね、右に左に頭を振って動かしながら、舌を行ったり来たりさせて絡めているうちに、口角からヨダレが糸を引きそうなくらい、ねっとり。

キス上手な人というのは、それをずっと続けるだけじゃない。舌の絡め方だってメリハリをつける。激しく絡めてるところから、ちょっと舌を逃がしたりする。そうすると逃げられたほうは、「待って、もっと」と追いかける。

快感の緩急、欲望の焦らし、ねっとりとしたキスを繰り返すうちに、女性は恥ずかしいほどに濡れて、男性は勃起したペニスから我慢汁が満ち溢れる。

そのぐらいまでやってこそのキス。女性がリードするのも、ありだと思う。

昔の性風俗では、働く女性が客の男性にキスをさせなかったという。体は許しても、キスは好きな男性としかしない。愛する人への女の操《みさお》。それぐらい女性にとって気持ちを左右するのがキスなんだと思う。

「ね……キスして」

それ以上の女性の意思表示はない――。

手コキ

ＡＶ業界から派生した用語だ。手指でペニスを愛撫すること。誰でもする（できる）ことにそれらしい名前を付けるのも、ＡＶならではの面白さだ。それはさておき、誰でもしている手コキだけに、あまり重要に思われていない部分もあるようだ。

ねっとりとしたキスで性欲が沸騰したら、お互いが相手の股間に手を伸ばし、いやらしく愛撫し始めるなんて、とってもスムーズでエッチな展開だ。

ヨダレまみれのキスを続けながら、立ったままお互いの下着の中にまで手を入れて、男性は手コキと対をなす「手マン」を駆使して、性器を愛撫し合う。

女性としてはやさしくしごきながら、「すごいね、こんなに硬くなってる」「ビクンビクンしてるよ」などの言葉を耳元で囁くことも大切だ。

男性も負けじと「キスだけでこんなにヌルヌルになっちゃって」「指が溺れそうだ」などのエッチな言葉を返してくれるはずだ。

興奮が沸点を突破して、ソファーやベッドに移動したら、もう少しテクニカルな手コキを駆使したい。手の平で敏感な亀頭を撫で回したり、カリ首を指先で擦ったり。

そんなことをしている姿を見られるのが恥ずかしいというなら、一緒に横たわって、キスをしたり、乳首を舐めたりしながら、ペニスをいじると恥ずかしさは半減する。

そして、唾液を使うことで手コキの快感は何倍にも高まる。

これもやっぱり、ペニスに唾液を垂らすところを見られるのは恥ずかしい女性が多いだろうから、最初は手で口を覆ってそこに唾液を溜めて、ペニスにまぶしながらしごく。

「それ、気持ちいい、もっと!」

男性はそう求めてくるので、「そんなに言うなら……」と唾液をダラダラ垂らし、グチャグチャといやらしい音を響かせて、手コキに夢中になるのも楽しい。

より自然な形で〝唾液手コキ〟をしようと思うなら、次に述べるフェラチオと併用して男性を愛撫するというスタイルがいいだろう。

フェラチオ

女性から男性にしてあげられる愛撫のクライマックス！

女として、ヘタなよりは上手なほうがいいに決まっている。

私はＡＶ女優になるまで、ほとんどフェラチオの経験がなかった。

ＡＶをやるようになって、まさに習うより慣れろで、撮影しながら男優さんや監督さんに教わって覚えていったのだが、かなりテクニカルな行為だと思った。

ＡＶ女優になってフェラチオがもっとも身についた性のテクニックだと思う。フェラチオとはそういうものだ。やればやるだけ上達する。経験は裏切らない。

逆にＶシネなどのフェラシーンは本当にするわけではないので、かえって難しい。どうやったらリアルに見えるか、音が出せるかなどを、部屋でひとり練習した。

私のように現場で経験を積む機会のない女性は、好きな男性に悦《よろこ》んでもらいたいと思うなら、やっぱり練習したほうがいいだろう。練習は嘘をつかない。

ひとりの部屋なら恥ずかしくもないし、指でもいいが、ナス、キュウリ、ニンジンなどの野菜やソーセージでやったほうがリアリティが出るだろう。ちょっと滑稽《こっけい》だが……。

それでは練習すべきポイントを挙げていこう。

ひと言でペニスといっても、敏感なのはカリ首から上の亀頭部分が飛びぬけている。

いきなり咥えるのではなく、亀頭のちょっと皮膚感の違うところに、チュッ、チュッとキスをして、舌で舐め回す。男性はそれで視覚的な興奮も得られるそうなので、見せつけるように時間をかけて、「はやく咥えて」って焦れるまで舐めていいと思う。

そのときのオーソドックスな体勢としては、立っている男性の足元に女性が跪《ひざまず》く形と、四つん這いになった女性が、あお向けの男性の股間に顔を埋《うず》める形だ。両方を想定して練習しておこう。後者はそこからシックスナインに移行する場合も多い。

たっぷりと舐めてから、亀頭を口の中にヌメッと咥える。

ここからが本格的なフェラチオ、口唇愛撫の始まりだ。

まずひとつ目のポイントは唇。亀頭を口の中にすっぽりと含み、カリ首の出っ張りに唇を引っ掛けるのが基本スタイルだ。そこから顔を前後、もしくは上下に動かして、やや締めた唇とペニスのサオを摩擦するようにしごく。

そのときの舌はというと、亀頭を下から包むようにして、サオをしごく唇の動きに合わせて裏筋を舐める。ときおり亀頭の周りを舐め取るように回転させる。尖らせて尿道口を刺激するようにつつく。そんな動きを意識するのが二つ目のポイント。

サオをしごく唇のピストンと、口の中で亀頭を愛撫する舌の動きに、いかに変化をつけられるか。強弱、緩急で、多角的な快感を男性に与えることができるかで、フェラ上手、テクニシャンと呼ばれるので、この舌遣いは納得するまで練習してほしい。

三つ目のポイントは、ペニスを咥えた唇のストローク。これもいかに単調なリズムにならないかが大切だ。ときには速く短いストロークで、カリ首の出っ張りだけをしごくようにしたり、振幅の大きいストロークでサオの根元からカリ首まで出し入れしたりする。

あとは吸引したり、顔を回してストロークにひねりを加えたりしてもいい。

フェラの音は、その大きさにもよるけど、出したほうがイヤらしくていいと思う。

私はその吸ったりしゃぶったりを連想させる音で、自分も興奮してくるので、そういう女性も多いんじゃないだろうか。

それに、フェラ音の立て方はそれほど難しくはない。唾液を口の中に溜めて、ペニスを吸いながら、出し入れすると、いい感じでジュボッ、ジュボッと音が出るはずだ。

そのまま射精まで導く「フェラ抜き」も、男性はかなり悦ぶので、生理のときなどはしてあげてもいいかもしれない。

その場合は、リズミカルな口唇のピストン愛撫をしながら、ペニスの根元を握ってしごきを加える。口で精液を受け止めることができるならそうしてもいい。まあ「ゴックン」してあげられるなら、男性はさらに感激してくれるはずだ。

さて、ここからは上級テクニック。

AVのフェラチオは、見ているユーザーを五感で感じさせたいから、音も立てるし、ヨダレも垂らす。しかもヨダレは垂らしっぱなしのほうが画的にエロかったりするから、気にしないで垂れ流す。そのほうが監督さんも男優さんも悦んでくれるから。

手を添えずに頭を振るだけで、口の中にペニスを出し入れするフェラチオは、視覚的にすごくいやらしいし、自然にヨダレをダラダラと垂らすことができる。

ただ、プライベートでそれをやったら、かなり経験豊富な女か、誰かに調教されたことがある女だと思われる可能性が大きいので、気をつけよう。

何でもありのエロいご夫婦なら、私が言うまでもなく、そのぐらい卑猥なフェラチオもしているのだろうが、普通の恋人同士でそこまでやったら彼氏がヒクのでは？

ましてや付き合ったばかりのカップルだったりしたら、まあ、そこは「ちょっと垂れちゃった」ぐらいの演出にとどめておいたほうが、今後のためである。

玉舐め

男性のタマタマって、ぶらーんてしてて可愛い。

そう思って、私は撮影のとき、フェラチオの流れでタマタマを愛撫していた。普通に舐め回したり、口に含んで引っ張ったりというように。すると男優さんが言った。

「くぅ〜、出たねぇ、あっきーの得意技」

やだ、私、そんなつもりなかったのに……と恥ずかしかったのだが、男優さんは褒め言葉として言ってくださったようだった。

絡みの演出として「ここで玉舐め」というのはあるが、私の玉舐めは、他の女優さんたちとちょっと違うらしいのだ。ご存知のように、通常、男性のタマタマ、つまり睾丸は左右二つある。そして皮の袋に包まれている。

それを片方ずつ皮ごと口の中にすっぽりと含んで、けっこう強く吸引しながら、舌の上で躍らせるように転がすのだ。

「あぁん、そんなこと……あんッ！」

女のコみたいに声を出してくれる男優さんもいて、ますます頑張っちゃう。

それをプライベートの彼氏にもやってみたことがある。あまり反応がよくなかったので何回かでやらなくなった。しばらくした頃、彼がポツリと言った。

「最近、何であれやってくれないの？」

あれとは玉舐めのことだった。

ふ〜ん、やってほしかったんだ。と、私はうれしくなってしまった。

この玉舐めは、フェラチオの前後とか、途中とかに、わりとスムーズかつサプライズ的に取り入れることができる。毎回、服を脱がす手順から愛撫の時間、体位の変え方まで、ほぼ同じというようなカップルや、何年も前から週に一度、土曜日の夜、ルーティーンのような性生活を繰り返しているご夫婦に、ぜひ取り入れてもらいたいと思う。

イラマチオ

普通のフェラチオは女性からのオーラル愛撫。舐めたり、しゃぶったり、唇でしごいたり、口の中に出し入れしたりというのを、女性から男性にしてあげる行為だ。

このイラマチオは男性主導のフェラチオというわけだ。

膝立ちや女のコ座りになった女性に、立ったままの男性がペニスを咥えさせて、のどに亀頭が届くまで深く突き入れる。腰を振って口の中に出し入れする。男性が女性の髪に指を掻き入れ、後頭部を押さえて前後に動かすというパターンもよくある。

もちろん女性は寝た状態でも、四つん這いでもいい。

ＡＶのイラマチオシーンには、亀頭でのどを塞ぐまで深くペニスを口に入れて、そのまま何秒、何十秒と塞いだままにして、女性がえずいて吐き出し、ゴボゴボと大量の泡立った唾液を口から溢れさせ、垂れ流すシーンがよく出てくる。

それを含めて、私はイラマチオが嫌いじゃない。

相手が加減を知ってる男優さんだというのもあるだろうが、作品の中で、イラマチオされていると、自分がどんどん役に入り込めてトランス状態のような感じになる。

「追撃イラマチオFUCK14連発」（二〇一八年九月リリース）という私の作品があって、これはもうイラマチオ千本ノックみたいだった。

いつまで経っても終わらないので、頭が真っ白になった。

プライベートではそこまで強烈なイラマチオは経験できないだろうが、のどに当たる感じが生理的に無理じゃなかったら、やってみてもいいと思う。

ちょっとMっぽい快感。のどを塞がれて苦しい感じがいい。プライベートなら、好きな人のペニスを口の奥まで入れて苦しがってる自分、という悦びを得られるはず。

恥ずかしくて彼に言い出せない場合は、シックスナインの相互オーラルで愛し合っているときに、内緒で亀頭をのどまで入れてみると、その感じを味わうことができる。

もしかすると気づいた彼氏が、「そんなに自分から奥まで……俺、やってみたかったんだよ、イラマチオ！」と、二人の距離がさらに縮まるかもしれない。

四十八手

私は、「ＡＫＩＨＯ48 四十八手完全再現」（二〇〇九年一月リリース）という作品で、古くから日本に伝わると言われるセックスの体位「四十八手」に挑戦したことがある。

もちろん、そんなにやったことがないから、写真付きの解説パンフレットみたいなのを用意してもらって、それを見ながらやったのだけれど、まあ、大変だった。

どうしてこんな格好でセックスしなきゃいけないの？

半分以上はどちらかというと苦痛だった。その体勢を維持するだけで一苦労。

腕立て伏せで両腕を伸ばした体勢になった私の両脚を、男優さんが両手で抱え上げて挿入する「押し車」という体位があるのだが、「そのまま歩いて」とか言われて、筋トレにしか思えなかった。

やることに意味があると思ってコンプリートしたが、達成感は……？

ＡＶには派手に見える体位も必要だとは思うが、プライベートのセックスでは、正常位、バック、騎乗位だけでいい。大部分の人がそう思ってるんじゃないだろうか。

私は何年か前まではバックがいちばん好きだった。

自分が四つん這いになって、男性に腰のあたりをつかまれて出し入れされたり、激しく突き入れられたり、そういうオーソドックスなバック。

もちろんペニスも奥まで入るし、肉体的な快感も大きかったのだが、バックがいちばん精神的に興奮する。動物的だし。やられてる感とか、そういうものだったのかもしれない。

今は騎乗位が気持ちいい。これは完全に肉体的な性感が理由だ。

膣の中の気持ちいいポイントがちゃんと自覚できるようになってからだと思う。ひとつはたぶんGスポットで、その奥にもうひとつポイントがある。

そこを両方とも刺激するためには、挿入の深さとか、当たる角度とかを、相手任せじゃなくて、自分で合わせられるのがいちばんいいのだ。

そのためには女性が能動的に動ける必要がある。

それはやっぱり、騎乗位をおいて他にはない！

Gスポットを探すのは指でもできるのだが、もっと奥のポイントにはペニスじゃないと届かない。セックスで挿入したまま、ペニスで探すしかないのだ。

そのときも騎乗位が最適なのだ。

「私が上になるね」

男性は完全にあお向けのほうがやりやすい。

膝をつかずに和式トイレで用を足すようなスタイルで挿入する。

それで上下にヒップを動かして出し入れを繰り返す。亀頭を膣の中の粘膜に擦りつける感じでゆっくりと動かす。「あ、ここ」っていうポイントがあるはずなのだ。

そこがわかったら、その挿入の深さで膝をつき、今度は腰を前後に動かす。そうすると亀頭が快感ポイントに当たったり、擦れたりを繰り返して、すごく感じる。

この〝騎乗位腰振りポイント刺激〟ができるようになるには、ある程度の経験も必要なので、パートナーのいる方は「練習させて」と提案してみるのもいい方法だと思う。

意外と、自分とのセックスに前向きな女性の姿勢は、男性を悦ばせるようだ。

あとＡＶの場合は、男性の顔にお尻を向けて挿入する背面騎乗位もよく使われる。

あれは結合部分が丸見えになって、しかも出し入れすると結合部の上で女性のお尻の肉がいやらしく弾むという、男性の視覚的な興奮を喚起するのが最大の効用だろう。

私が何度もイッちゃうのは対面騎乗位だ。

男目線

セルビデオに移籍すると、男性目線の作品が増えた。

つまりカメラが男優さんの顔の横にあって、セックス中の男性が見ているような視界をユーザーさんに楽しんでもらおうということだ。

例えば、バックでセックスしているときは、リアルに考えれば男性から女性の顔が見えることのほうが少ない。後頭部しか見えないことのほうが多いだろう。

しかし、モニターを見ているユーザーさん、特にその作品を選んでいただいたということは私のファンの方も多いのだろうし、どんな体位でセックスしているときでも、私の顔が見えていたほうが興奮してもらえるのではないかと、私は考えた。

しかも、なるべくカメラに視線を向けている。つまり、モニター越しにユーザーさんの目を見つめているほうがいいだろうと思った。

バックでやろうと思うとかなりきついのだが、できる限りやってみた。

これはパートナーの男性を刺激するテクニックとして、プライベートのセックスにも応用できるんじゃないだろうか。正常位や騎乗位だったら、体勢的にはきつくないし、意識してやってみても損はないと思うのだ。

しかもこれは女性がその気になれば、すぐにできることだ。

セックスしながら男性の目を見つめていればいい。

エッチな言葉を言ったり、いやらしく愛撫をするのは恥ずかしいかもしれないけれど、快感を伝えるように濡れた視線を向けるのは難しいことではない。

すごく感じて喘ぎ顔になっているのに、目は自分を見つめている。欲情した視線が訴えるように絡んでくる。男性はすごく興奮すると思うのだが。

ただ私はＡＶで、背面騎乗位で挿入しているときも、ヒップを上下に動かしながら、結合部分の向こうに私の顔が見えたらいやらしいだろうと思って、股間を覗き込むようにしてカメラを見つめていたのだが、プライベートでそこまでやる必要はないと思う。

中イキ

私は撮影でローター責めをされて、けっこうはやい時期にクリトリスでイクことはできるようになったのだが、挿入中の〝中イキ〟は、なかなかできなかった。

やっとイケたのは、もはやアラサーの声が聞こえていた頃だった。やはりAVの撮影中なのだが、ピンポイントにこの作品というわけではなく、徐々に感覚がわかってきて、気づいたら中でもイケるようになっていたという感じだった。

中でイッたことがないという女性は、かなり多いと聞く。

中でイクことができるようになると、女の悦びが質的に向上する。

クリトリスでイクのももちろん気持ちいいのだが、快感の曲線が急角度なのだ。オーバーに言えば、グンと上がってストンと落ちるような感覚だ。

その点、中イキはゆっくりグーンと上がっていって、高いところでとどまるというか、心身ともに天に昇ったような心地になって、ゆるい曲線で快感が下っていく。

余韻と満足度がたっぷり味わえるので、女性のみなさんにはぜひ覚えてほしい。
中イキは女の幸せだ。

私の場合を考えてみると、挿入されながらのローター責めというのが、きっかけになっていたような気がする。それに調教要素が入ってくる感じだったろうか。

印象に残っているのは病院ものだ。欲情する媚薬を飲まされたり、全身の感度がよくなる点滴をされたりとか、そういう設定が何度かあった。

私はナースだったり、女性患者だったりする。それで手術用のベッドに乗せられて、院長や医者にもてあそばれるというパターンだ。

そのときに軽く手足を縛られるとか、ベッドに拘束されているとか、つまり自分は逃げられない状態のほうがよかったような気がする。

それで挿入されながら、ローターで責められるという二点責めをされる。

ローターで何度イッても逃げられずに、責め続けられる。もうわけがわからなくなっても、とてつもなく責められるというか、ずっとクリトリスでイキ続けて、そのうちに自分の中のリミッターが外れるような感覚に襲われたのを覚えている。

イクときって膣の中が締まっているようだ。そのときに、たぶん一定の圧力で膣の中の同じ部分を刺激されると、中イキするような感じがする。

その膣の中の同じ部分というのが、体位のところでも挙げたGスポットともっと奥のポイントだ。つまり、ローターのクリ責めでイカされ続けて、膣も締まり続けているところにペニスを出し入れされて、中でもイッていたのだと思う。

そんなことが何回も繰り返されて、中だけでもイケるようになったような気がする。

中イキしたことがないという女性は、ぜひこの方法を試してほしい。

拘束状態でのクリ責めピストン挿入！

そんなこと頼める男性がいないという人は、自分でやるしかない。最近は挿入型のバイブにも、昔ながらのいかついやつじゃなくて、女性のことを考えたシリコーン製で見た目も使い心地もやさしいやつがあるので、ネットで手に入れるのもいいのでは。

中イキを覚えれば、もちろんパートナーとのセックスも楽しくなる。

緊縛

ロープアーティスト（緊縛師）のＨａｊｉｍｅ Ｋｉｎｏｋｏさんが好きで、写真展を見に行ったこともあるんだけど、本当に素晴らしい芸術だと思う。

縛られてる女性も陶酔して、女の私が見てもグッとくるような表情をしている。

そんな世界にも興味はあるけど、まだ足を踏み入れる勇気はない。

縛られたら、忘れられなくなりそうで……。

だいたい私たち素人が真似しようとしても、真似できるような技術ではないので、例に出すのも甚だおこがましいのだが、緊縛の〝非日常〟というテイストを自分たちのエッチに取り入れても、バチは当たらないだろう。

大前提として、真似事とはいえ縛られて自由を奪われてもいいと思うのは、相手を信頼しているからこそと言っていいだろう。

まあ、そういう関係性がなければ、遊びでも縛ったりはしないほうがいい。

非日常という意味では旅先なんかは最適だ。二人で温泉旅行に行って、旅館の浴衣《ゆかた》の帯で軽く縛ってみるとか、愛し合ってるカップルにしかできないような気がする。

私は自分が拘束されるのも好きだが、男性を縛って責めるのも好きだ。

縛られる場合は相手に身を委ねるしかないので、言ってしまえば何もできない。羞恥心と倒錯感に溺れて快感を満喫するだけだ。

しかし自分が相手を拘束して、快感に身悶えらせようとするなら、頭を使って責めなければばいけないので、すごく楽しめる。そこが好きなのだ。

やっぱり縛るのは、身の回りにあるものがいいと思う。ネクタイとか、ストッキングとか、タオルとか、使いやすいものがたくさんある。ジャケットやシャツを脱がしかけたところで止めれば、それだけで軽い拘束になるので、そこから始める手もある。

目隠しもしたほうが相手の感覚が研ぎ澄まされるのでオススメだ。

自分も大胆になれる。

あとはもう、思うがままに責めればいい。

淫語

相手は目隠し状態だ。縛られているし、恥ずかしくて仕方がない。

そこをさらに刺激するには言葉を使う。言葉責めだ。

淫語というのもAVから派生した言葉だ。読んで字のごとく淫らな語句。

とはいっても官能小説のような比喩とか、性器の俗称とかは使わないほうがいい。普段使っている言葉を行為を組み合わせて使ったほうが、より興奮度は高くなる。
耳を舐めながら、「すごくエッチな顔してるよ」
乳首を指で転がしながら、「どうして、こんなに硬くなってるの」
勃起したペニスをしごきながら、「イヤらしいわね。恥ずかしくないの」
そのぐらいで充分に興奮できる。あとは、
「ねえ、どうしてほしいの？」と聞いて、相手の恥ずかしい願望を聞き出すのもいい。
そこでセックス偏差値の高い男性なら、それこそ淫語で答えてくれるはずだ。
「もうチ×ポが爆発しそうなんだ。せめてオマ×コの匂いを嗅がせてください」
そうしたら、「もうワガママなんだから」と言いながら顔面騎乗で擦りつければいい。
本当にペニスが爆発しそうになるまで相手を焦らしたら、拘束と目隠しを外す。
最後は男性が、いつもとは別人のようにイカセてくれるはずだ。

エロい女

私が一緒にAVの仕事をしてきた監督さんやスタッフの方たちには、私たち単体女優の作品を作るだけじゃなく、「素人物」といわれる企画の女のコを使ったAVの撮影にも関わっている人たちが大勢いた。

アルバイト感覚の企画のコの中には、別の肩書を持っている女性も多い。OLさんとか大学生とか、ナースとか人妻とか。まあ、そうなるとAV的には本当に〝素人〟だ。

スタッフの人たちは、「素人のほうがエロいよ」と口をそろえる。

「ぜんぜんそんなふうに見えない女性なのに、いざ本番ってなったらエロくてさ〜。社員証見せてもらったから間違いないんだけど、マジで一流企業に勤めてるんだよね」

そんな話はしょっちゅう聞こえてくる。

ある意味それは男性目線の理想のエロい女を語っているのだと思う。

だいたい正論を言ってしまえば、女だってみんなエロい。

でも、男性の理想というのは、すごく清純そうでセックスなんてしそうもない女性が、自分の前だけでいやらしい女になる。別人のようにエッチな女になる。

自分とのセックスで女性が淫らな本性を露わにして、悦ばない男性はいない。

心の中ではＡＶも真っ青の淫乱なことを考えていても、セックスのセの字も知りませんというような顔で日常生活を送っていれば、いざエッチとなったときにそのギャップを生み出せる。逆に、演じるべきは普段の自分なのだ。

人に見せるために誇張しているＡＶのようなセックスをする必要はないと思うが、女性だってエッチするときは自分を抑えなくていい。

欲望を解放していい。心から楽しめばいい。

それが十六年間「ＡＶ女優・吉沢明歩」を演じてきた私からのアドバイスだ。

第6章
マスカッツの時代

女の集団

期待と不安が入り混じっていた。

「おねがい！マスカット」の放送が始まったのは、二〇〇八年の四月だった。

おぎやはぎさんがMC、オアシズの大久保佳代子さんがアシスタントという深夜のバラエティ番組だ。レギュラー出演していたのが、AV女優やグラビアモデルなど二十八人（第一期生）で結成された「恵比寿マスカッツ」。私もその一員だった。

地上波のレギュラー番組はうれしいけど、（どうなるんだろう?）って。

他のみんなもそうだったんじゃないだろうか。

単体AV女優というものは、私を含めて、基本的に自分が主役で仕事をしている。

特にその番組に集まった女のコたちは、売れっ子なので、現場では周りのみんなが自分に気をつかってくれる状況に慣れているわけだ。横並びの大勢の中にポンと放り込まれたときには、疑心暗鬼というか、どうしていいかわからなかったはずだ。

放送は週一回、撮影は月に二回（一回二本撮り）だった。しょっぱなから楽屋も全員一緒という女子高ノリだったから、とりあえずグラビアやイベントなどの仕事で顔見知りのコとしゃべったりしながら、みんなの様子をうかがっている感じだった。私も正直、苦手だなーと思っていた。

だから、最初はちょっとギクシャクしていたと思う。女のコ同士もそうなんだけど、みんな事務所も違うから、違う事務所のコと仲良くしちゃダメとか、連絡先交換しちゃダメとか、そういう事務所もあって。オープンに付き合える雰囲気じゃなかった。

そんな中で頑張ってくれたのが、蒼井そらちゃんだった。

そらちゃんは、もっとも業界歴が長くて、すでにバラエティも経験していたので、初代リーダーを任されていた。だから、そらちゃん自身、自分がまとめなきゃっていう意識がすごく強かったんだと思う。リーダーの役割をこなすだけじゃなくて、率先してバカもやってくれて、おぎやはぎさんに怒られるみたいな。

まず自分が前に出て、みんな何かやらなきゃという手本を示してくれた。

メンバー同士のライバル心もあったと思うけど、自分が自分がじゃなくて、求められているのは〝団体芸〟だった。笑いにはリズムがあって、流れがあって、ちゃんと誰かのボケにはツッコむというような。

そういう意味で、やっぱりどうしてもＡＶのコとグラビアのコは距離ができるというか、どう接すればいいのかわからない部分もあったのだけど、そこも、そらちゃんがつなぎ役になってくれた。グラビアをまとめてるコとも、ちゃんとコミュニケーションをとって、収録後にみんなでご飯に行ったりもしたのだ。

そんなときも、ぶっちゃけＡＶやってるコのほうがお金持ってるから多く払うね、みたいな感じで盛り上げて、だんだん女のコたちの気持ちもまとまっていった気がする。

番組は「おねがい！マスカット」に続いて、二〇〇九年四月からは「おねだり!!マスカット」がスタート。その後、二〇一〇年四月からの「ちょいとマスカット！」、同年十月からの「おねだりマスカットＤＸ！」と続き、二〇一一年十月から始まった「おねだりマスカットＳＰ！」は、二〇一三年三月まで放送された。

「恵比寿マスカッツ」のメンバーは、卒業や新加入を繰り返したのだが、私は五年間すべての番組に出演させていただいた。

現役生活十六年のうち五年間出演していたのだから、私にとっても大きな番組だ。

午前二時台というド深夜の番組だったので、オンエアを待っているうちに寝落ちしてしまうことも多かったが、それだけ続くということは視聴率も悪くはなかったのだろう。

ＡＶ女優が市民権を得たといったらオーバーだろうが、その後のライブ活動なども含めて、少しは偏見をなくすことに役立ったのではないかと思う。

けっこう女性の視聴者もいて、最初はAV女優だとは思わないで見てくれていた人も多いらしく、AV女優だと知って驚いたとか。そんな話も聞いた。やっぱり女性からの認知度が上がったというのが、私としては一番よかったことだ。

オープニングダンス

逆にすごくイヤなことがひとつあった。

番組のオープニングだ。当初から懐メロみたいな音楽を流して、メンバー全員でオリジナルのダンスを披露するというスタイルだった。しかもこれが毎回変わる。

曲と振りつけが一週間ぐらい前に発表になって、それを先生に教えてもらう日もあったのだが、別の仕事なんかで参加できない場合は、DVDを見て自分で覚えなければいけなかった。私は初回から自習して収録に臨むしかなかった。

スタジオに入ったら、みんなの立ち位置も決まっていて、（ダンス、得意じゃないし、目立つところはいやだな）とかいろんな感情を持ちながら、やるしかなかった。

まあ、自分でもちょっと思った。どうして、みんなそんなに踊れるの？

なんとなく私は、みんなよりワンテンポ遅れている気がする。

そうしたら、収録が終わった後に、プロデューサーさんに言われた。

「吉沢さん、誰でも出られる番組じゃないのよ。出たくても出られなかったコもたくさんいるんだから。出てるのが当たり前だと思わないでね」

メンバーみんながいる前での公開説教だ。

私がダンスの練習をまったくしてこなかったと思われていたのだ。

ダンスなんて中学か高校の創作ダンスぐらいしか経験がないのに。それも私なりに覚えてきたつもりだったのに……泣きそうなくらい悔しかったけど、負けず嫌いが顔を出して、くっそぉ～って思いながら一生懸命練習した。

せめてみんなについていけるようにならなくちゃと。

週末は毎週地方のイベントが入ってたので、ポータブルDVDプレーヤーを買って、移動の間も、ずーっと見本のダンスを繰り返し再生して頭に入れていた。

移動の時間って大切な休憩時間でもあったんだけど、それもなくなって、もう苦痛で苦痛で、しかも毎週変わるから終わりがない。苦痛が終わらない。

ライブリハーサルを何度も経験していく過程を経て、本当に人の倍努力して、ようやく徐々に何とかできるようになった（かも）。

楽しかったのは、個人のコーナーを作っていただいたことだ。

いろいろな名物コーナーがあって、集団でやるコントみたいなものが多かったのだが、企画会議でスタッフさんが、吉沢明歩は個人で何かやらせたほうが面白いんじゃないかと考えてくれたようなのだ。それで私は、「吉沢明歩のファンシー朗読」というコーナーをいただき、有名人の自叙伝とかプロレスの本とか、私が読みそうもない本を朗読してコメントするというのをやっていた。

番組の最後に襖を開けて、お休みのひと言を言わせてもらったり。びっくり箱から飛び出して、アホなことを言ったり。そんなこともやっていた。

あと、収録の事前アンケートに、何度か「男性をシビレさせる告白の言葉を教えて下さい」という項目があったので、私はこんな答えを記入した。

「私を窓辺に飾ってよ。いい花咲くよ」

「あんまりほっとくと……月にかえっちゃうよ」

これが、おぎやはぎさんに絶賛されたので、うれしかった。

もうちょっと頑張りたかったなと思うのは、ひな壇のフリートーク。なかなか流れを読んで、おいしい話をすることができなかった。思いついてもちゃんと話すのは難しい。しゃべれなかった日は落ち込んで帰ったり。

今日のトークは自信あるんだけど、ちゃんと使ってもらえるかな。まさかカットされないだろうな。そんな芸人さんのような心境のときもあった。

マッコイさん

番組の総合演出をされていたのは、マッコイ斎藤さん。

テレビのディレクター、プロデューサー。制作プロダクションの社長でもある。

「ギルガメッシュないと」とか、大人の「夕やけニャンニャン」みたいな番組を作りたかったのだという。それは成功したんじゃないかと思う。

現場はマッコイさんが先生で、私たちが生徒の女子高みたいだった。

番組の後半はライブコンサートも多くて、そのリハーサル中だった。

休憩時間にみんながあっちこっちでおしゃべりしてるところに、マッコイさんが入ってきた。マッコイさんが入ってくるということは、何か仕事の話があるということなのに、みんな知らんぷりでおしゃべりを続けていた。

「はーい、みんなちょっと集まって」

で、お説教が始まった。もう番組うんぬん、ライブうんぬんの話じゃなくて、社会人としてどうなのか、みたいな。本当に先生に叱られてる生徒の気分だった。

マッコイさんが雑誌のインタビューで、マスカッツについて話しているのを読んだことがあった。野球チームの打順にたとえていたのだ。

りおっち(Rio)が四番だと言っていたのはすごくよく覚えている。

そらちゃんは一番バッターだったんじゃないだろうか。先頭で点数を取るということなのかもしれない。私は三番か五番だったような気がするが、よく覚えていない。

こんなことを考えながら番組を作るのかと、面白かった。

いつもスタジオ収録の番組だが、一度、山梨の富士急ハイランドで泊まりがけでロケをしたことがあった。いつも頑張ってくれてるからご褒美ロケだと聞いていたのに、泊まる場所が、お化け屋敷というか、病院の廃墟みたいなところだった。

まず病院の待合室みたいなところに集められて、「ここに泊まるから」と。

何も聞いてないから、女のコたちは騒然となって。お弁当も用意されてないし、お茶や水すらないし、トイレがどこにあるかも説明されてないし。もうパニックみたいになるんだけど、それをずっとモニタリングされてるのだ。

メンバーは四班にわかれていて、それぞれリーダーがいた。私もそのひとりだったのだが、四人は事前にマッコイさんに呼ばれて、事情を聞いていた。

聞いていたというか、みんながイライラし始めたら、いざこざが起きるように仕向けろと言われていた。取っ組み合いのケンカとかを期待していたのかもしれないが、そんなことにはならなかった。でも、イジワルな演出に、ちょっとひどいなあと思った。

今となってみれば、すごく思い出に残る出来事なのだが。

その後、「めちゃ×2イケてるッ!」さんで、AKB以外のアイドルグループが集まって運動会みたいに、いろんな競技に挑戦するという企画をやったとき、マスカッツがチームとして一番まとまりがあった。みんな一丸となってやっていた。

それがすごくうれしかった。

四番目の彼氏

マスカッツが始まって忙しくなったこともあって、後ろ髪ひかれる思いで別れた三番目の彼氏。その後の超多忙なときに、一人だけ付き合った人がいる。

もっとマスカッツが忙しくなったので、そんなにしょっちゅう会っていたわけではないし、もちろん一緒にも住んでいない。

忙しい合い間にちょっと会うような付き合いだったけれど、その人のおかげで前の彼氏を忘れることができた部分もあるし、やはりプライベートな自分に戻れる時間を作ってくれるという意味では、大切な人だった。

ただ、かなりお酒を飲むというか、お酒に飲まれてしまう人だった。で、気持ちが大きくなって乱暴になってしまうことが多かった。

飲んじゃうと本当にすっ飛んじゃって、記憶がない。

それは本人も気にしていて、なんか問題を起こしたときに、「どんな酒でも三杯なら絶対に酔わないから、俺は今日から一日三杯までにする」と言い出した。

まあ「禁酒する」と言わないところが完全にダメなのだが、それでも、三日ぐらいは本当に三杯で我慢していたようだ。

だけど四日目に飲みに行ってしまった。すると、その日の仕事が終わった私に「ちょっと先輩と飲んでるから顔出して」って連絡がきた。行ってみたら、何杯飲んだのか、間違いなく三杯ではない状態だった。

それで、私の部屋に連れて帰ったんだけど、また前の彼のモラハラと同じように、私がAVの仕事をしていることを非難し始めた。

私がDVを受けたことはなかったが、お酒を飲んだときの乱暴さとシラフのときのやさしさに落差がありすぎた。感情の起伏が激しいのはDVに通じるものだと聞く。

このままじゃこっちの精神状態が危ういなと思って、事務所に相談した。結局、SさんやNちゃんに迷惑をかけてしまったので、あまりいい思い出にはなっていない。

その人がというわけではないのだが、私と付き合うと、男性は「AV女優・吉沢明歩」と本名の私を区別したがるようになる。

吉沢明歩じゃない部分を一番知ってるのは俺だ。

吉沢明歩を愛しているわけじゃなくて、本名の私を愛してるんだと言い出す。

でも、私に言わせれば、どっちも私なのだ。だから、どっちのことも受け入れてくれないと、長くは付き合えないし、考え方が偏ってきてしまうのだと思う。

そして、「いつまで続けるの」っていう話になったり、「結婚したらやめるんでしょ」と決めつけてかかられたりすると、それが、ちょっとうっとうしくなってしまう。

もちろん付き合っているときは、その人のことがすごく好きだし、結婚したいと思うこともあったけど、それをリアルに受け止めることができなかった。

じゃあ、この人と結婚して「生活はどうなるの？」と自問した場合、それを現実問題として想像することができなかったのだ。

そういう先が見えない状態よりも、自分がいろんな仕事をしながら、いろんな人と出会って、世界が広がったり、視野が広がったりするほうがリアルだった。

ひとりの人に尽くすのも幸せかもしれないが、私は、自分のビジュアルをいかに広くみなさんに知ってもらえるかを考えるほうが充実していた。

ＡＶも、写真集も、ＣＤも、みんな楽しかったし、やりがいがあった。

特にマスカッツの活動は特別で、ライブやコンサートでファンの人たちと一緒に盛り上がる快感は、何物にも代えがたいということを肌で知ることができた。

大人になってからの私に、仕事以上に大切なものはなかった。

ライブ

二〇一一年三月十一日。

東日本大震災の日、私はAVの撮影現場にいた。

東京・練馬のハウススタジオだった。しかも揺れがきた瞬間はカメラが回っていた。フェラ抜きの途中だったような気がする。尋常じゃない揺れ方だったので、すぐに机の下に潜ったんだけど、「マズイ！　服着て外に出て」って声がした。

慌てて身繕いをして、外に出たら、ベランダの植え込みから水がビチャビチャすごい勢いで垂れていた。隣のマンションの人が、「すごい水があふれてますよ」っていうからスタッフが確認したら、スタジオの屋上にある給水タンクが破裂していた。

すぐにケータイはつながらなくなったから、どこにも連絡できなくて、ワンセグで津波の映像を見たんだけど、それはとても現実のものだとは思えなかった。

三月十九日に渋谷公会堂で開催される予定だった「恵比寿マスカッツ3rdコンサート」は、

もちろん中止になった。

それまでライブやコンサートは東京でしかやっていなかった。

でも、震災をきっかけに全国ライブが始まった。

私たちにも何かできることが、あるんじゃないだろうか。

そうだ、全国でライブをやって募金活動をしよう——ということになったのだ。

そして始まったのが、全国CAMP「そうだ！いろんなトコ行こう」だった。

一回目は、二〇一一年の五月二十一日から六月五日の期間で、東京、大阪、兵庫、愛知、静岡を回った。

二回目は、二〇一一年九月四日から十月二十三日のスケジュールで、埼玉、札幌、長野、高崎、鹿児島、熊本、福岡、横浜、京都、滋賀。

そして三回目には、二〇一二年五月十二日から六月十七日の間で、新潟、熊谷、宇都宮、仙台、名古屋、金沢、岡山、高松、大阪、東京を巡った。

少しでも被災地のためになったのであればうれしい。

そのほかにも二〇一一年以降は、いろんな場所でライブやコンサートをたくさんやらせていただいた。リハーサルや移動などを考えると、番組収録より手間暇がかかる。

私はオープニングの短いダンスでも苦労するくらいだったし、歌はもっと苦手でできればやりたくないジャンルのものだった。

私的にはこれからアイドルになりたいわけではないし、こんなに一生懸命ライブやコンサートをやって何になるんだろう？　マスカッツはどこに向かっていくのだろう？　と少し不安になってきたのも二〇一二年だった。

そんなとき、マッコイさんとメンバーの個人面談があって、それぞれが悩んでることとか、思ってることとか、不安なこととかを何でも話してくれていいよということだった。

なので、私はマスカッツの方向性がわからなくて不安だと打ち明けた。

するとマッコイさんには、こう言われた。

「乗りかけた船だから、降りなくてもいいんじゃない。みんなで一緒に乗ってるわけだし、船がどこに向かっていくのか、吉沢さんも一緒に見てみてもいいんじゃないか」

なるほどなと思った。

確かに、単体AV女優として基本的に一人で表に立ってきた私が、そのときは、みんなと一緒じゃないとできないことをやってるというのは、すごく感じていた。

だから、焦らなくていいじゃないか。マスカッツという船がどこに着地するのか見届けてやればいいじゃないか。そう思った。マッコイさんの目を見て言った。

「わかりました」

それからは悩むことなく、みんなと同じ方向を向いて頑張ることができた。

解散からもう五年になるけれど、今振り返れば、マスカッツをやらせてもらって本当によかったと、心の底から言える。

あんなにマッコイさんに叱られて、でも頑張らなきゃって頑張って。粘って。努力して。みんなで地方に行って盛り上がって。ファンのみなさんと一体感が生まれて。

なんか青春真っ只中みたいにキラキラしていたと思う。

たまに、あの頃に戻ってみたいと思う。

センター

マスカッツは九枚のシングルを発表した。

その中で私がセンターを務めさせていただいた曲がある。

二〇一二年十月にリリースされた八枚目の「逆走♡アイドル」だ。十三年三月発売のラストシングル、解散ソングとなった「ABAYO」の前の曲だ。

歌の苦手な私がどうして？　と思うだろうが、これはスタッフさんたちからのプレゼントだったのだ。ライブの打ち上げで一人ひとり発言する場面で、子供の頃、将来の夢に「アイドルになりたい」って書いたと発表したのをスタッフが覚えていてくれたのだ。

マスカッツのみんなと一緒にライブをやってきて、どんどん喜びが芽生えて、グループとして歌って踊る活動は楽しくなっていた。

でも、私はみんなよりも歌が苦手だから、新曲の歌詞の振り分けを見ても、（あ、今回もあまり歌うところがないな）と思うことが多かった。

本当はもっとメインで歌えたらいいんだけど、歌えないから、ライブに来てくれた私のファンの方に申し訳ないな。なんで私だけ歌えないんだろう。でも結局下手だから歌いたいとは言えないし。そういうジレンマをずっと抱いていた。

そんなときだった。発表もサプライズだった。

体育館で運動会イベントのようなものがあって、終了後に控室でくつろいでいた。

「吉沢さん、ちょっといい？」

と呼ばれて、スタッフルームに連れていかれた。

ドアを開けたら、マッコイさんはじめ主要なスタッフが勢ぞろいしていた。

「えっ……何ですか？」

しかもカメラが回っていた。

「座ってください」

私が戸惑いながらパイプ椅子に座ったら、マッコイさんが言った。

「次の新曲は、吉沢さんがセンターで歌う曲を考えてるよ」

ドッキリかと思った。カメラも回っていたし。いや、カメラが回っていたのは、番組で流すために、私のドキュメンタリーを撮ってくれていたのだ。

そのテーマが、「昔から歌が苦手で、歌いたいけど歌えない。そんなジレンマを抱えながら、ここまでグループとしての活動をやってきた吉沢さんに、苦手だからこそ克服してほしいという願いを込めてセンターの曲を歌ってもらおう」というものだった。

そして、曲をもらって一ヶ月以上みっちり練習して、レコーディングした。

そこまでをドキュメンタリーにして、番組で流す予定だった。

その収録の日。番組開始当初、私に公開説教したプロデューサーさんがやってきた。

「悪かったね、吉沢さんが頑張ってるのを知らずに、あんなことを言って」

四年以上前のことを、そう謝ってくれた。

私は本当に恥ずかしいくらい、泣いた。

ゆまちん

そのときはもう、マスカッツの解散が決まっていた。

二〇一三年の一月十七日、シンガポールに行ってライブを行った。

そのとき、私は、ゆまちん（麻美ゆま）とホテルが同室だった。

「なんか最近、下っ腹がぽっこり出てるんだよね、どうしたんだろう」

そう言って、お腹を見せてくれた。

それがあんなに悪い病気の兆候だとは思わなかった。

帰国後の二月、ラストソング「ＡＢＡＹＯ」のＰＶ撮影でメンバーが集まった。トイレに行ったらゆまちんと出くわした。顔色が青白くて元気がなかった。涙目だったので、「どうしたの？」って声をかけた瞬間、

「あっきーには黙ってられないから言うね。検査を受けたら悪性だったの。まだ、どうなるかよくわからなくて」

境界悪性卵巣腫瘍（卵巣癌）の診断を受けたというのだ。

まさかそんなことになってると思わなかったから、シンガポールのときに「すぐに病院に行って」って言えなかった自分が情けなくて、悔しかった。私、看護専門学校に通ってたのに、どうしてもっと親身になって聞いてあげられなかったんだろうって。

二月二十五日に、ゆまちんは子宮と卵巣の全摘手術を受けた。さらに直腸への転移も確認されたため抗がん剤治療も受けることになった。

力になってあげたいけど、自分に何ができるのか思いつかなかった。

他愛のないメールのやり取りはしていたけど、直接会ったら私のほうが泣きそうだったから、お見舞いには行けなかった。

手術から一ヶ月ちょっとしか経っていなかったのに、ゆまちんは、マスカッツの解散コンサート「女の花道」（舞浜アンフィシアター）のステージに立った。

体力的にもすごくきつかったと思う。それでもやっぱり、ゆまちんの笑顔は誰より輝いていたし、マスカッツにはなくてはならない存在だと改めて知った。

最近はライブ活動をすごく精力的にやっていて、他のアーティストさんのライブにゲスト出演したり、すごく忙しそう。

ゆまちんが歌ってる姿、私はすごく好きで、声も魅力的だし、昔から憧れていた。大きい病気を乗り越えたことで、ゆまちんだから伝えられるメッセージがあると思う。ゆまちん個人のデビュー曲「ReStart～明日へ～」は絶対オススメ。

私もライブにゲスト出演させてもらったことがある。すごく楽しかった。

これからも末永く、公私ともに仲良くさせてもらいたいし、大切な存在だ。

解散

まさに青天のへきれきだった。

私のセンター曲「逆走♡アイドル」のプロモーションツアーが行われたのは、二〇一二年の年末だ。その最終日に、番組の終了とマスカッツの解散が発表された。

番組は二〇一三年三月三十日が最終回、ラストライブは同年四月六日、七日だった。

本当にメンバーは誰も知らなかったのだ。

マスカッツとしてすごくまとまってきて、ライブも盛り上がってきて、ものすごく日々が濃厚になっていたときに、メンバーは全員卒業ということになった。

でも、実際は赤字続きだということも聞いていた。ライブの入りもいいし、グッズも売れてるんだけど、やっぱり大人数なので経費が利益を超えてしまうのかもしれない。

メンバーは、みんな相当ショックを受けた。

これまで重ねてきた日々、楽しいばかりではなかった。

切磋琢磨し合ったマスカッツという時間が終わりを迎える。

寂しいという気持ちと、ようやく終着点が見えたことで内心ホッとした気持ちもあった。

私たち一期生は五年もやってきたから、満足感も大きかったのだ。ただ、メンバーには加入したばかりのコもいて、これからっていうときに解散ということになってしまったので、そういうコたちのほうが悔しかったかもしれない。

私は舞浜のラストコンサートに、はじめて仕事をしている姿を見てもらおうと思って、両親を招待した。

母は見にきてくれたが、その隣に父の姿はなかった。

あとがき

二〇一八年十月一日午前〇時——。

《いつも応援してくださるみなさま、
突然のご報告となりますが、
2019年3月末をもちまして、AVを卒業します》

この日、引退発表をすることは事務所との話し合いで決まっていた。

日付が変わると同時にブログが更新されるように、予《あらかじ》め設定しておいた。

前日の九月三十日は、いつもと変わらず秋葉原でサイン会をやっていた。

ファンのみなさんの顔を見ると心が揺らいだ。ファンの方たちと直接触れ合える時間は、私にとって何物にも代えがたい。引退したら、この時間もなくなってしまう……。

本当にこのまま引退を発表してしまっていいのだろうか？

実は、マスカッツの活動が終わってから、一度引退を考えたことがあった。直後にAVデビュー十周年という節目がやってきたこともあり、燃え尽き症候群というわけではないが、「やめるタイミングなのかなぁ」とぼんやり思った。

ファンの方にも同じように〝引退するのでは？〟と聞かれることが多くなった。私は、良い意味でそれを裏切り、〝活動を続けたい〟と奮起した。

そのときは新しい写真集などの仕事もいただき、まだ私は求められているんだと感じることができたので、何とか踏みとどまり、頑張ってきた。

そして十五周年も過ぎて、次に目指すのは二十周年。それはたしかにすごいことなのかもしれないが、そこまでモチベーションを保つことはできないと思った。

もう、AV女優としては八方ふさがりの心境だった。

撮影現場ではじめて仕事をする若い男優さんに、「ずっと見てました。大ファンなんです。今日はめちゃくちゃうれしいです」と言われて、やってきた年月を思い知った。AV業界における自分の立場というものが、自分の感覚とずれてしまったような気がした。

過激さを優先した受け入れがたいジャンルの作品をオファーされることも多くなっていた。守ってきたNGを崩したくなかった。

まだできる。でも、また悩むに決まっている。
日付が変わった瞬間――フッと夢から覚めたような気がした。

私は二つのメーカーさんと契約していたので、引退作品も二つある。

エスワンさんの「THE FINAL 吉沢明歩AV引退」では、北海道函館での超ロングインタビューという特典映像がついている。

百万ドルの夜景をバックに質問に答える形で十六年間を振り返った。

どんどん思い出があふれてきて、撮影の最後には男優さんやスタッフさんから手紙やプレゼントをいただいて、もうこの人たちに会えないんだと思うと涙が止まらなかった。

マキシングさんの「AV完全引退～FINAL SEX～ 吉沢明歩」では、今までやったことのない何かということで、はじめてパイパンに挑戦した。

個人の感想としては〝陰毛があったほうがエロティック〟じゃないかなと。

そんな気がした。パイパンで挑んだ絡みは二人の男優さんとの3Pだった。

それが本当に最後のAVセックスだったので、終わった後は、「これでもう3Pをすることもないんだろうなぁ」と、不思議な感慨に包まれた。

吉沢明歩の最高年収は五千万円。当たり前のようにネットに流れている。

きっかけは北海道のテレビ番組だった。罰ゲームで年収を言わなきゃいけないような流れになって、誘導尋問みたいな感じで、「じゃあ、五千万円ぐらいですかね?」っていうのに、(う〜ん)って思いながら、「ハイ」って言っちゃった。

それがネットで取り上げられて、ほかの番組でも使われて、という感じで広まっていってしまった。実際はそこまではない。中《あた》らずと雖《いえど》も遠からずだが、未満だ。

まあ、そのぐらいのほうが、これからAVの仕事をしようとしてる女のコたちのためにも、夢があっていいかなと思ったのだが、簡単に稼げるとは思ってほしくない。

私は本当に休む暇がないほど働いていた。

AVだけじゃなくて、Vシネ、テレビ、グラビア、各種イベント……。

今は働きたくても、そんなに仕事がないのではないだろうか。

まず、もっとも収入の核となるAVだが、私は二社のメーカーさんに契約をいただいていたので、一社のメーカーさんと専属契約している場合と比べて単純に倍だ。

Vシネやテレビのギャラはそれほど高くはないが、トークショーとか海外のイベントなどは、けっこうな金額をいただける。

そういうのをひっくるめて、もっとも仕事をしたときで、そのぐらいだった。

私がAV女優になった頃は、VHSのビデオテープからDVDに移行する過渡期で、まだまだ〝物〟を売るという基盤がしっかりしていた。

それがあっという間にネット配信、定額見放題のサブスク時代になって、薄利多売を余儀なくされ、契約料の相場も昔に比べれば半額以下になっていると聞く。

それでも契約料という保証がある単体女優は恵まれているのだろう。完全歩合の企画のコなどは、ちょっと割のいい日払いのアルバイトぐらいの仕事もあるようだ。

私たち単体女優は、AVの撮影は月に二日、多くて四日。

だが、需要のある企画のコは、月に二十日以上とか。

しかも、私たちのようにファンのみなさんに応援されるわけでもなく、逆に隠したいのだろうから、精神のすり減り方はかなりのものだと思う。

二〇一六年に、AVへの「出演強要」が社会問題になった。

あれをきっかけに有識者委員会が設置されて、AV業界のギャラ事情はクリアになった。

私が引退する間際には、撮影当日にサインする誓約書に「総ギャラ」が記入されるようになった。つまり事務所の取り分が容易にわかってしまうのだ。

それまで意識してこなかったけど、急に現実を突きつけられたような気がした。

それまで自分のギャランティが、多いとか少ないとか、ジャッジするのが怖かったのかもしれない。事務所から充分なお給料をいただいていたので、あまり考えないでよかったのだが、そうやって記入した数字を提示されると、意識せざるを得なかった。

それが自分の値段なんだって。


私が飯島愛さんをはじめ、先輩のＡＶ女優さん方の背中に勇気をもらって、この世界に飛び込む決心をしたように、私の後ろに続く女のコがいるかもしれない。

最後にアドバイスを送りたい。

やっぱりＡＶは特殊な仕事だと思う。

ただＡＶを見るだけなら、特に男性は好きな人のほうが多いと思うが、そこに出ている女優が、もし自分に身近な人間だったら、よく思わない人のほうが圧倒的に多くなる。家族だったり、親戚だったり、友達だったり……。

もちろんＡＶ女優は犯罪者じゃないので、逃げ隠れする必要はない。ただ、女としての〝普通の幸せ〟を得るのはすごく難しいと思う。普通の幸せとは、恋愛をして、結婚をして、家庭を作って、子供に恵まれてお母さんになることだ。

私がＡＶ女優になった十六年前に比べれば、ＡＶのイメージはかなりオープンになったような気がする。そこにはマスカッツの存在なども影響しているのかもしれない。

しかし、まだまだ世間の風当たりは強い。後ろ指をさされる。

私は同じＡＶ女優として、精神的に壊れていった人も見たことがあるし、異常なほどの整形にハマっていく女性も見てきた。ネットのレビューには、もう少し目が大きかったらとか、鼻が高かったらとか、好きなことを書かれる。それを気にし始めたらきりがない。

また、セックスを描くということは、人の内面をえぐることにも通じる。

真正のサディストとしか思えない監督もいる。そういう監督は、演出の名を借りて、本気でＡＶ女優の精神まで崩壊させせようとしてくる。

それを返り討ちにする必要などはまったくないのだが、その思惑を察知して、自分の身を守るぐらいの強さがない女性は、ＡＶの世界には足を踏み入れないほうがいい。

プライベートにおける恋愛だってそうだ。いくら仕事に理解を示してくれたとして、愛情で結ばれていると思っていても、実のところ心穏やかでいられないときが来る。

私は、撮影現場から帰ってきたときに、

「俺に抱かれて、キレイにしてほしいと思わないの」と言われたことがある。

つまり、ＡＶの仕事をしてきた私の体は、汚れていると。

そして、自分とセックスすることで清められると。

私は、ある意味で相手の気持ちを過信していた。

私の全てを受け入れてくれていると。

きっと耐えられない男性の方が多いのだろう。


それでもAV女優になりたいというなら、しっかりとした事務所を選ぶことだ。

私は偶然とはいえ、事務所にも、社長さんにも、マネージャーさんにも恵まれたので、ここまでやってくることができた。

そのうえで覚悟が必要だ。

どんなことがあっても自分を保つ、強い気持ちが必要だ。

やるなら私の記録を塗り替えるぐらいのつもりでやってほしい。


私は十六年間、夢を見ていたのかもしれない。

それが長かったのか、短かったのかはわからない。まだ今は……。


夢から覚めた私は、新しい道を歩いていかなければならない。

逃げることもあきらめることもせず向き合い、高みを目指して走り続けた情熱を、今度はAV女優ではない〝第二の人生〟に注ぐために……。

単体女優《たんたいじょゆう》 AV《エーヴイ》に捧《ささ》げた16年《ねん》

2020年4月10日 初版1刷発行
2020年5月25日 2刷発行

著者 吉沢明歩《よしざわあきほ》
発行者 青木宏行
発行所 株式会社 光文社
〒112-8011 東京都文京区音羽1-16-6
電話 編集部 03(5395)8261
書籍販売部 03(5395)8116
業務部 03(5395)8128
URL 光文社 http://www.kobunsha.com/
落丁本、乱丁本は業務部へご連絡くだされば、お取り替えいたします。

印刷・製本所 凸版印刷株式会社

 ISBN 978-4-334-95155-9